青春美文精品集萃丛书·美好时代系列

美好梦想的火花

《中学生博览》杂志社 选编

时代文艺出版社

图书在版编目（CIP）数据

美好梦想的火花 / 《中学生博览》杂志社选编. --
长春：时代文艺出版社, 2021.6
（青春美文精品集萃丛书. 美好时代系列）
ISBN 978-7-5387-6784-1

Ⅰ.①美… Ⅱ.①中… Ⅲ.①作文－中小学－选集
Ⅳ.①H194.5

中国版本图书馆CIP数据核字(2021)第100292号

美好梦想的火花
MEIHAO MENGXIANG DE HUOHUA

《中学生博览》杂志社　选编

出 品 人：陈　琛
责任编辑：徐　薇
装帧设计：孙　利
排版制作：隋淑凤

出版发行：时代文艺出版社
地　　址：长春市福祉大路5788号　龙腾国际大厦A座15层　（130118）
电　　话：0431-81629751（总编办）　0431-81629755（发行部）
网　　址：weibo.com/tlapress（官方微博）　sdwycbsgf.tmall.com（天猫旗舰店）
开　　本：880mm×1230mm　1/32
字　　数：135千字
印　　张：7
印　　刷：三河市嵩川印刷有限公司
版　　次：2021年6月第1版
印　　次：2021年6月第1次印刷
定　　价：36.00元

图书如有印装错误　请寄回印厂调换

编 委 会

Contents
目　录

我对你的假动作

年少掌心的梦话

格子流年，春暖花开

小鹿和小夏

小鹿和小夏

水 而

一、开篇

"不要总是做一些给人添麻烦的事儿好吗？"

鹿子憋红了脸说出这一句话。

黎夏脑海里浮现帅气的漫画男主角一箭穿心吐出血的画面，明明是尴尬的场景，小夏却喜感地笑了出来。

鹿子像泄了气的皮球，不可理喻地扭头就走。

小夏跑上前去，挽过鹿子手臂，"好的啦，以后都不会给你添麻烦了。"

鹿子停下，神情淡然看着小夏："小夏，我那种突然讨厌人的病发作了。"

小夏有种有事会发生在自己身上的预感。

"这次，是你。小夏，我突然讨厌你了。"

二、小夏

鹿子最爱的歌手是五月天，没有之一。

鹿子最爱吃关东煮，没有之一。

鹿子最爱的写手是独木舟，没有之一。

鹿子最爱的颜色是红色，没有之一。

······

小夏把头藏在被子里，是不是处在漆黑的环境里，人会想起更多的事情。

想起某天黄昏两个人坐在路边小摊的凳子上，鹿子吃完关东煮后一脸忧伤地看着远处，然后像是做出重大决定似的对小夏说："小夏，我怕我有一天会突然讨厌你。"

"嗯？"兴致勃勃吃着海带结的小夏疑惑地看着鹿子，一边吧唧吧唧地嚼着海带。

"我觉得我有病，怎么和你说好呢，就是在一起很好的朋友，有一天会突然讨厌他，然后就慢慢地疏远。我一直以来都是一个人，没有什么知心的朋友一直在一起，所以啊，有时候是很羡慕那些在一起几年的朋友，一直也想拥有那样的亲密关系。每到新学期，我都会很卖力很卖力地讨好身边的人，好像每次都是这样，但每一次都徒劳无功，我会突然讨厌身边的人，那种厌恶的感觉止都止不住，小夏，我好害怕我突然讨厌你，因为我一点儿都不想讨厌你。"

小夏低下头，看着碗里的海带结，心酸的情绪溢满心里，小夏深深呼吸了一下，酝酿好自己的情绪，笑着对鹿子说："没关系啦，要是哪天你讨厌我了，就和我说，我会自动消失，等你不讨厌我了再和我说一声，我再出现在你面前。而且我这种神经大条的人，睡一觉就没事儿啦。"

鹿子露出感动的表情，点了点头，"小夏，我觉得我好对不起"你。

小夏把碗里早就冷掉的关东煮大口塞到口里，一边用力地嚼着，一边说话。

就算话语模糊得听不清，鹿子还是听清楚了。

鹿子用力点点头，"小夏，我一辈子都不想讨厌你。"

小夏拉着鹿子的手走向前面的垃圾箱，"不讨厌当然好啦。"

然后，挽手看夕阳。

三、鹿子

小夏的确和其他人不一样。

她总会给人不一样的温暖。就像某段时间手机淘宝出现了问题，鹿子和小夏聊天的时候顺便提了一下，没过几天居然收到包裹，是花茶和耳环。她当时感动得无法言说，小心翼翼地裁下快递单，夹在书里压平。第一次见小夏，就感觉她和别的女生不一样，忍不住想靠近她，那种感觉就像人忍不住嘴角要上扬一样幸福。想到一件事总会第一时间和她分享，和她一起大笑，约好去樱花之城看樱花。女生之间体现友谊的方式不就是一起结伴上厕所，一起去食堂吃饭，自己的喜悦伤心都有人陪有人诉说有人分享嘛。鹿子看到过太多这样的例子，总是嫉妒羡慕她们的背影，而自己却一个人去厕所去食堂，直到新的学期遇到小夏，鹿子对自己说，不要再讨厌别人了，不想再讨厌一个人了。

鹿子坐在床上无眠，想起一段时间，不知道为什么会突然有点儿介意小夏，说话的时候半理不理，一起吃关东煮的时候也没有把小夏最爱吃的牛肉丸子让给她，而是默默留在自己碗里，最后扔掉。鹿子讨厌这种感觉，不自在，很难受。

小夏最喜欢吃的是炸鸡排，但是因为自己讨厌那油腻味，小夏貌似每次都迁就自己去吃关东煮，还大大咧咧地说，其实吃货吃什么都没有差别啦。

小夏英语特别厉害，在课堂上老师好像很关照自己，时不时被点起来回答问题，小夏就会把答案推过来，考点、答案全在上面。因为一直承蒙小夏的照顾，英语课上得也顺风顺水。

其实一直添麻烦的是自己吧，那样无头脑地说话，受伤害的是小夏不是吗？而自己，也不过是想给情绪找一个出口，这样想来是不是太可恶了点儿？

太可恶了！

鹿子一夜无眠。

四、我们和好吧

"小夏，我们和好吧。"

已经幻想无数次道歉的场景，鹿子还是无法鼓足勇气。

次日天空一望无际，鹿子手里捏着小纸条，她想过在纸条上写下很多感人肺腑的话。想起某次中稿等了几个月的样刊还是没有在收发室等到，给编辑在QQ上说了声，编辑姐姐好心地又寄了一次。有特别多想说的话，只是手指停在键盘上，最后还是敲出了最简单的敬语"谢谢你"。所以有时候埋怨自己词穷，其实词穷的时候那就说最简单的话好了，这次最简单的话就是，"小夏，我们和好吧。"

教室里没有人，鹿子怀着忐忑的心情把纸条扔进小夏的课桌，想到小夏喜欢在抽屉里乱放东西的习惯，万一压住纸条，万一没有看到，万一一直一直这样赌气……鹿子不敢想象，鹿子从小夏抽屉拿出纸条，塞到口袋里，心想放学给她好了。

"鹿子，你喝不喝酸奶？"

一瓶酸奶放到鹿子课桌上，小夏风风火火地从书包里拿出书，又把书包塞进课桌里。鹿子看着小夏的动作，一边庆幸没有把纸条放到课桌。

"鹿子我和你说，昨天我写作业到凌晨了啊。数学那张试卷的第二题特难，老师不是说前五题都会特简单吗，但是发现被骗了啊。你看你看，我的黑眼圈，唉，又重了吧？"

"但是啊，英语作业还好，不算难吧。"

"小夏，"鹿子的身体像往常一样熟练地转向同桌，这样大方地粉饰太平，真的不介意昨天的事吗？终于怀着欲言又止的模样说，"谢谢你。"

小夏翘起嘴笑了，"一瓶酸奶而已，要谢的话以身相许报答我啊？"

"不嫌弃就要啊？"鹿子拿起桌上的酸奶仰头咕咚咕咚地喝着。

五、数学课

"快，快，鹿子把你的数学试卷测试二借我一下，我的找不到了。"小夏在凌乱的课桌里疯狂地寻找。

"活该，谁让你平时都不收拾课桌。"鹿子从抽屉里拿出测试二的试卷递给小夏。

小夏接过，拿起笔在标题的"二"上小心添上一横，"嘿嘿，你看看像不像'三'？希望等下老师检查的时候能躲过去，你也知道啊，数学老师是个近视眼，只有在讲课的时候才戴眼镜。"

"啊，还有这样一张试卷啊，我怎么不知道，啊啊啊，怎么办啊？"

"怎么办啊？凉拌！你昨天晚上去干吗了，快把你的测试一拿出来啊。"

鹿子找出测试一的试卷，小夏一把抢过，把"一"改成了"三"。

彼此会心一笑。

"小夏，放学后一起去吃炸鸡排吧，我好想念它的味道啊。"

"好啊，不过今天要早点儿回家，昨晚一夜未眠，今天得补回来。作业也没写，黑眼圈这么重，说，昨晚干吗去了？"

"得了吧，别五十步笑百步。"

鹿子心里好温馨。

六、你是我的好朋友

当你所有的缺点和优点摊开在一个人的面前，不管是爱人还是朋友，能够接受的还是寥寥吧。

认识鹿子的第二天，小夏去鹿子的空间翻看了她所有的心情，是的，从一开始，小夏就知道，鹿子每一个朋友时间都不长。

怀着小心翼翼的心去靠近鹿子，不管以后是不是会被讨厌，每天巧言欢笑。

认定了一个人，不管她的缺点，义无反顾地去珍惜。这就是小夏理解的朋友。

在夜不能寐的时候，这个城市里有着另一个人和你想着同一件事，做着同一个梦。

知道你的喜好，就像你讨厌吃蒜，一同吃面的时候，会小心地给你挑出来，或者在某一天给你突然的惊喜。

朋友存在的意义，本来就是诉心肠，解忧愁，又何必纠结杞人忧天的事？

月 半 弯

月下婵娟

日月其华的美少年

我知道彭毅，是在很久以前。身为长平中学的一员，不知道风靡全校的校草级人物似乎是一件很丢脸的事情。我自认为不丢脸，是因为我知道他的名字，看到过他的人，也见识过他带领着一班的一帮男生将我们四班平素牛气冲天的汉子们在球场上打得鸡飞狗跳。

丁莉莉拉着我的胳膊指给我看窗外经过的男生，不无花痴地说："彭毅耶，帅不？"

"准确地说我没有看清楚。"我从浩瀚题海中挣扎着抬起头，看见长廊里远去的背影。这在我的同桌丁莉莉口中日月其华的美少年，正和我们班的班花雷美琴一路说笑着下楼去。

"果然彭毅这样的人，也只有我们班的雷美琴配得上。真是，美貌与智慧并重，伤害了我们这些围观群众的双眼……"丁莉莉不无感伤地揉揉脸，看见我又扎下头去盯着一道习题，推了我一把，"苏小桐你就不伤心吗？失恋了都不找东西弥补一下？"

我两眼圆睁地瞪着她，满脸的疑惑不解："我失恋？"

"一中男友啊，等会儿回到寝室，不知道有多少的妹子要哀号了。"

长平中学是这小县城里排名第一的中学，这我知道，不然我爸妈也不会背着几大筐山货去求人让我进这所学校复习。而彭毅啥时候变成了全体女生的男友，我却是不知道的。

"为了抚慰我们失恋的心灵，苏小桐，等会儿我请你去吃鱼丸和臭豆腐好了。"

我站起身来往课桌里收着书本，又特意往丁莉莉身上瞄了一圈。

"我知道我知道，我前天还念叨着减肥。不是为了排解心灵的忧伤嘛，而且，苏小桐，"丁莉莉十分忧伤地捏了一把胳膊上的赘肉，"你看我在你的监督下减了几天，脂肪依旧韧如斯，体重依然无转移啊。"

我扑哧一声笑出来，一路和丁莉莉张牙舞爪地跑到学校门前的小馆子里吃臭豆腐。

吃得正欢时丁莉莉想起放在宿舍里的手机，她说："我妈说过这个点儿会打电话过来，便宜你了苏小桐，你真吃不完了就给我打包哈……臭豆腐和鱼丸我可都要。"人都跑出去了，还不忘回头叮嘱我。

我食指大动正准备对着端上桌来的臭豆腐大快朵颐的时候，小店的玻璃门一转，进来两个人。

门前明亮的灯光下，美如春花的少女，波西米亚风的长裙垂至脚踝，是一脸笑容的雷美琴。白衬衣蓝牛仔裤的男生，殷勤地替她拉开了椅子，又吩咐老板倒过来温热的牛奶，插好了吸管，才递到她的手中。

我坐在背光处，埋头大口地对付着盘中的臭豆腐，听见雷美琴推开了牛奶，娇嗔地说："我就要喝加冰的苹果汁。"

"喝冰的不好吧……"

"你换不换？"

男生违拗不过地换了冰饮料，却依然自作主张地减了分量，叫了女生喜欢的小吃，满脸宠溺笑容地看着她在旁边一口一口地吃。

我身处的角落连灯光都变得暗淡起来，那些璀璨灯火，都像是有灵性般地汇聚在他温柔侧颜上。他浓而长的睫毛，清俊如远山眉峰，高挺的鼻梁，轻牵起的嘴角，如沐着春风的笑。那个和雷美琴坐在一起，浑身散发着粉红泡泡明亮光芒的人，彭毅。

谁人将你的骄傲——蹂躏，打落成灰

我在那间小店的角落里佝偻了身子待到所有的臭豆腐都变得冰凉，才敢在他们身后慢慢尾随出来。

一中男友让所有长平中学的女生都失恋的时候，我在校园香樟树婆娑的阴影里看见彭毅和雷美琴牵手。

那之后这段恋情羡煞旁人，连政教处的领导们也都睁一只眼闭一只眼，谁都知道只要被笑言过的"长平之光"彭毅功课不落下，他就是天天和雷美琴出去轧马路也没人敢说半个不字。

"苏小桐，要不我们也分头去找个男朋友好了，你没看雷公主她现在学习上至少进步了一点儿吗，作业好歹也写一点儿了，总不至于交白卷。"丁莉莉看着雷美琴语文试卷上大大的鲜红色六十七分，眉目里有羡慕的神色。

我收了卷子塞到雷美琴的课桌里，不为所动。"你也知道人家外号雷公主，人家就是每门功课都拿零蛋，也没有什么关系。她有那个依仗，我没有。"

"真是现实的人生啊。雷公主拼的是爹，我这分数，拿回去就是坑爹。"丁莉莉愁眉苦脸地翻开了自己的卷子，逐字逐句地更正。我扫了一眼自己卷面上的分数，努力追赶还是比不上长平之光的那个一班男生。

雷美琴的父亲是这个小县城里数一数二的富商，他父亲手下有好几个石料厂，将绿树红花的青山夷为一个个土坡的雷大厂长向长平中学捐赠了一大笔资金修建图书馆，他的宝贝女儿雷美琴在学校里就是一个字不写，门门功课都不及格，也碍不上她是三好学生、优秀班干部。

"雷美琴的人生都是规划好的，像一条康庄大道，沿途风景无数，铺满鲜花。她哪里要像我们这般辛苦，头悬梁，锥刺股。"丁莉莉还在愤愤不平。

我笑着拉过她的卷子，用笔圈出一个错处，"你哪里头悬梁，锥刺股了，说得比古人都惨。"

高三的课业越来越重，每个人似乎都在铆足了劲儿向大考冲刺。在这偏僻的小县城，能够考上一所好的大学，决定着将来是会继续留在这里灰头土脸还是飞向县城外更高的天空。

我无心去关注同学们的其他八卦，谁和谁比较好了，谁做了谁的男朋友，谁和谁相约一起努力去考同一所大学。但雷美琴，这光鲜亮丽如白天鹅一般的女生，她的八卦，还是星火燎原一样的在长平中学的每一个角落里沸腾。

起初丁莉莉讲给我听时我并不相信，因为那被誉为一中男友的男生彭毅似乎并无女孩子不喜的陋习。他那样好，那样优秀，从远至近，从上到下，学业、人品、才能，还有丁莉莉跟我说过的，没有色相便不成偶像的外表。如果这样的长平之光也不能配得上雷美琴，我不知道什么样的男生才会让她心仪。

我心里的各种猜测和疑问终于在一次无可回避的亲见中成为事实。那天，周末，倾盆的大雨，我撑着伞在校门前等公交车，有着花朵一般美丽面孔的雷美琴化着精致的妆容，烟熏的厚重眼影将她十七岁的青涩纯真变得遥远，那是我所不再熟悉的陌生人。她上了一辆黑色的豪车，掉头离去。疾驰的车轮溅起一地水花扑上我的衣襟，我将伞低掩着，所以推着单车站在大雨中的少年没有看到我。我在那如断线珍珠般的雨帘里，看到一个少年飞扬的骄傲被一一蹂躏，打落成灰，最后被丢弃在泥泞里。

不知道他有没有哭，他抹了一把面上淋漓的雨水，飞身蹬着单车在雨雾里绝尘而去。

原来并不是这少年有什么不好，跨进车门的雷美琴摇下车窗玻璃，不动声色地说了一句："我不想坐在苍蝇馆子里喝牛奶，也不想在雨天里还要和你挤公交车，我爸说得很对，跟你在一起，没有什么未来。"

雨水哗啦啦地淋着我，是冬天，天黑得早，公交车却迟迟不肯来，我索性背起了书包徒步回家。路途中，经过一家商店，衣衫褴褛的老人蹲在门前行乞，我看见那全身湿透的少年俯身下来，将一把零钞放在他面前。

你是我青春中最美丽的颜色

雷美琴还是坐在教室里与我们一同上课的，她不听老师讲，不做作业，上课时拿了一面小镜子对着描绘得异常艳丽的眉目细看。

课间的时候丁莉莉朝我努一努嘴，说："苏小桐你看。"

我看了。我想雷美琴其实从来不知道，她不事雕琢清水芙蓉的样子比任何时候都美好。这样浓妆艳抹的真是可惜。

那时我很有些感叹这造物弄人，那小心翼翼地被我放在心里珍藏的美少年，却被某人弃之如敝屣。

一中男友的彭毅再也没有舍近求远地从我们班级教室前经过，更不会在廊下一脸笑容闪瞎旁人双眼地等人。

偶尔有斯文白衬衣和休闲T恤，或者一身规整校服三分相似的男生从窗下晃过，丁莉莉和我不约而同回头，但都不是那个日月其华被誉为长平之光的美少年。

我只是听说，他愈发用功地读书，参加了好几个知识竞赛。球场上，英姿飒爽一脚远射，又或者跳起来扣篮，笑容是明亮和温暖的。想来年少时的爱情，未必无知，但经历过，却也有不一样的收获和成长。

他再一次在班级的足球比赛中将我们四班打得屁滚

尿流的时候，我没有对他投以鄙夷和不屑的目光。我和丁莉莉站在场外，两人拍着巴掌摇旗呐喊，连声叫好，收获了本班男生的无数白眼。那时，奔跑在操场上风一样的少年，明亮的笑容里盛满了阳光，大声地对我们说着"谢谢"。

冬去春来，山上花开。我们在学校老师的带领下去近郊的山上植树。丁莉莉在我使出吃奶的力气挖土坑的时候告诉我，雷美琴家的石料厂被查封了。"你不知道吧，苏小桐，现下雷公主家可是急成一锅粥了……早就该查封了，看看这绿水青山都成什么样子了。"

我吭哧吭哧地挖好了洞，拿不定主意种什么的时候，扛着树苗路过的彭毅递过来一株小松树。"树苗很健壮，根系也长得好，种了一定能成活，长得也快。"

他蹲下身来示范怎样栽种，考量树洞的深浅，山上的红泥在他洁白的衬衣上留下点点污渍。他纤长十指触碰到我的手指，我在突然袭来的巨大心慌中抬头看他，那笑容温柔的少年，他的脸，他的眼，有我见过的这世上最美丽颜色。

我从来也不是你故事里的主角

我是在植树后的周二的晚自习后遭遇那一个故事的。当我锲而不舍将那几道习题做完，环顾四周，其他同学都已回了宿舍，正想抱怨丁莉莉这家伙也没有等等我时，在楼梯的拐角处，那空寂无人的小阳台，猝不及防地遇到了争执中的两个人。

长发束成马尾的雷美琴，一双眼睛水汪汪的，似是哭过。白衬衣挽到肘部的彭毅，逆着楼外星光站在绰约灯影里，有了一个少年男子初长成的坚毅样子。

我完全不知道这场意外，会将我撞进这一场风花雪月的缠绵里。我的心在胸腔里急剧地狂跳起来，我想我夺路而逃会是最好的选择。

"我说得还不够清楚吗？雷美琴。"面前少年有着清朗好听的声音，但我想他到底不是说给我听。我悄无声息已经要顺着楼梯溜下去。

有人捉住我，拉着我的手腕带回来。似乎是要我见证和参与什么。

雷美琴这样的女孩子，相信见过她的人都不能忘记她的美丽。无论多么讨厌她的人，也不能不承认她长得美。

她站在阳台略显冷清的灯光里，眼里有挣扎的泪意。"你说你已经有了喜欢的人，她吗？苏小桐吗？你以为我会相信！"她捂住面孔，却没有能够忍住哭泣，"你说过你喜欢我的。你明明说过的……"

沉默的少年没有分辩，我恍惚想起我第一次看见他们，在校园前的小店子里，那娇纵的女孩子要用热牛奶换一杯加冰的苹果汁，少年的妥协与呵护。

我也看见，那日在大雨中，她如何弃他的尊严与爱意于不顾，令他的骄傲破碎在泥泞中。

"我很抱歉。"白衣的少年轻轻地说，然后拉着我转身下楼。

被他拉住的手滚烫，我不明白自己在这场意外里扮演了什么角色。

"她在哭……"楼道里我的声音干涩。我听见雷美琴任性的哭声，谁都知道那是挽留。

"她会好的。没有人再娇纵她，她就会学着长大。"

"那个……你……她已经看不见了……"其实我是想说，我这个临时道具可以下岗了，他现在可以放开我的手了。他的演技很赞，弄湿了女主角的脸，被人负情过的伤痛，嘲笑过的自尊，早已扳回一局，赢得利落漂亮。

那是一段漫长的路，走下楼梯，在校园里漫步，穿过香樟树和宿舍楼前的花圃。静夜里有歌声流淌，葳蕤植物的香气，深蓝天幕上升起了新月一弯，这样的场景，这样的一程陪伴，如童话一般。身边的少年回过头来，浓而长的睫毛，清俊如远山眉峰，高挺的鼻梁，轻牵起的嘴角，如沐春风微笑。

"我很抱歉。"他面上诚恳的表情，让人见他这样内疚，无论如何也要原谅。"苏小桐，我知道你，谢谢你。"他郑而重之地握了一下我的手，将我的指尖，在这个凉风习习的春夜，重重握在他的手掌中。

我如何再舍得埋怨？

暗恋如一朵花开

书上说，唯咳嗽、贫穷与爱不能隐藏。其实是能隐藏的，在我贫穷家世下，对彭毅那初相见就暗恋般的喜欢。

我曾经舍近求远地跑去一班，向并不熟悉的同学借一本笔记。那女生由衷地说我勤奋，她并不知道，我坐在她同桌的椅子上，想起一个少年每日伏案疾书的样子，那课桌细腻的纹理在我的指尖下也会有迥然不同的意义。我不会跟任何人说，是因为这张课桌的主人是彭毅。

我在丁莉莉八卦同学小道消息时双耳如雷达，从未遗漏过关于这个有"长平之光"美称的美少年的半点儿消息。我握着笔，在练习册上画下某个符号，丁莉莉从来没有猜对过那些字符的含义。

他是那样光芒璀璨的男生，总会有智慧与美貌并重的女孩子来喜欢。这智慧与美貌并重的女孩子绝不会是我，将一颗暗恋的心藏在平凡外表和平庸成绩下的我。

我俯在女生宿舍的楼廊上看他无声走远，叫作彭毅的美少年。栀子的清香令人恍惚，天边新月弯弯，如水清辉漫过香樟树婆娑枝叶，洒在他洁白衬衣上光影斑驳。长平中学里乍一相见就惊艳我十七岁青春年华的美少年，他从来也不用知道我的爱慕和喜欢，也不需要回应我什么，他存在在这个世界上就很好。

唯善意、时光与爱不可辜负

两个月后我参加了高考，放榜的那天，丁莉莉打来电话问我："你考上自己心仪的大学没有？"

那时青山环绕，开春我们植下的松树苗已长高了不少，我说："有啊，我喜欢的师范专业。你呢？"

话题拉开总是没完，最后，我状似无意地问了一下一班的彭毅。丁莉莉嘻嘻哈哈地回答我："美少年啊，他当然考上了，北京的大学，要去首都呢。"

电话挂断后我站在山野里听风声长吟，我知道我的美少年，从此以后他将与我天南地北，茫茫人海再无交集。他从来也不会知道，这世间再也没有人知道，长平中学有个女生，曾经默默暗恋他好多年。但没有关系，一切都没有关系。这世上，唯善意、时光与爱不可辜负。我的美少年，他必定会满怀善意，在此后漫长时光中与所爱之人永不相负。

昔 日 和 你

晞 微

1

我在超市又碰到了李程欧。相隔上次见面已有三年。

彼时的我正踮起脚去拿货架顶层的饼干，后面伸过来一只手，把它拿下，递给了我，我转过头看他，闷闷地说："谢谢。"

他摇摇头，又看看我："好久不见，林浣。"

"嗯。"我转身要走，突然想起一件事，"后天曼曼回来，我们给她办洗尘宴，曼曼说要隆重点儿，会带男朋友来，你来不？大家都挺久不见的了。"

李程欧沉默片刻，点点头："嗯，一会儿你把她的地址给我，我手机号还是从前那个。"

“好。”

回家路上，我倚在车子座位的背垫上，在脑中将记忆拎出来，再整理一遍。

2

我和杨曼是发小，她比我大三个月，我还在和小伙伴们玩时她就每天在跆拳道班里度过，我们六年级时她就成了黑带。

杨曼的跆拳道在初中和高中得到了充分发挥，她长得漂亮，巴结她的男生不少，加上她性格高傲，素日里找茬的人也不少，从男到女，她从来没有失过手。一般都是对方一脸怒气地来，以被杨曼一个完美的过肩摔结束。

事情的好坏具有转化性。有人觉得杨曼太高傲，但有人觉得杨曼是个有意思的人。李程欧就是如此。

我和杨曼是在大一时碰见李程欧的，那时他在中文系念大二，和我们在学校的论坛认识的，再见面就成了好朋友。李程欧脾气很好，怎么开他的玩笑他都不介意。他总是开玩笑说我和杨曼一个把情绪都闷在里面，一个把不高兴都挂在脸上，结合在一起完全冰火两重天。

李程欧喜欢杨曼，除了杨曼，其他人都看得出来，他看杨曼时，眼神与平日不同，真让人觉得他随时可以为杨曼两肋插刀在所不辞。他和杨曼在一起时，整个人的线条都变得柔和起来。

杨曼对李程欧不是没有好感的，但她死要面子不肯先开口，而李程欧捉摸不透杨曼在想什么，也不敢先开口。所以每天我就尴尬地夹在中间，久而久之，我也变得厚脸皮，安慰自己就当追剧好了。

但几个月后，我终于看到了剧终。杨曼在和李程欧看完电影后，抱着我开心地说："浣浣啊，我答应和李程欧在一起了哦。"

"嗯。"我继续写稿子，盯着屏幕久了，眼睛酸酸的。

3

李程欧和杨曼在一起后，渐渐与我的圈子相离，我不愿掺和在他们中间，当一个电灯泡，他们在劝过我几次后，也由着我的意思来。我开始全心全意地写稿子、听课。

这天，杨曼的电脑坏了，她向我借用，我便将电脑借给她，自己躺在床上玩手机。耳边不时响起鼠标的轻响，等我刷完微博，发现声音停止了。我有些好奇地看向杨曼，她正在看着我，脸色很难看。

我走过去，在她身边坐下："怎么了？不舒服。"

她什么也不说，把电脑转过来，屏幕上是我的小号论坛主页。我也愣住了。

"林浣，你怎么没告诉过我，你和李程欧很久之前就认识？关系那么好啊。"

我盖上屏幕，说："高中时认识的，后来失去联系，大学又联系上的。"

"这样啊……"杨曼眼睛眯了眯，我有些不安。每次杨曼在谈论那些谩骂她的人时，都会眯眯眼睛。她一扬下巴："林浣，你到底想干什么？李程欧当初说以后要考到这儿，你呢？不会也是刚好喜欢这里吧？"

我回到床上，不愿回答她的话，继续玩手机，杨曼冷笑一声，摔门出去了。

我认识李程欧的确很久了。高二时，在论坛上。那时我还在用小号，大号是上大学后新申请的。当时李程欧上高三，我们互相加油，说秘密。我承认我那时开始就喜欢他了，而且没告诉杨曼。但李程欧高考完后，我们就失去了联系，因为我的号被盗了。等我高考填志愿时，我想起李程欧说他要考Z大，就填了Z大，杨曼也跟着我填了这所学校。

上大学后，我找了个计算机系的精英帮我把以前的号又盗了回来，但没有再用，只是偶尔登录一下，看看之前的帖子。后来，却又意外地碰到了李程欧。

但杨曼却发现了这个秘密，我藏在心里许久的、不能见光的秘密。

杨曼开始对我摆脸色，我也不愿再像以前一样嬉皮笑脸哄她，所以关系变得很僵。而且两人都不想先认错，我们都理直气壮地认为自己没必要先低头。一冷战就是一年半。

4

学校在我们大三时举行了这场比赛，第一名的奖励是去加拿大参加培训，由当地的著名作家们亲自指导。戏剧化的是入前三候选的人是我、杨曼、李程欧。结果出来的第二天我就退赛了，我不想再掺和他们的事。

回到寝室，听到杨曼在给李程欧打电话："要不我们俩都别参加了，去那么远，还不如我们找个日子出去好好玩一玩呢，嗯？"

我一愣，杨曼什么时候变得这么贤惠了？算了，懒得理她。

第一名公布出来时，我大吃一惊，是杨曼。她的名字挂在通知栏上，一笔一画，红底黑字，透着喜庆。伴随着吃惊的是李程欧的电话。那头的他怒气冲冲："林浣，曼曼说是你把她的表格交了上去，是吗？我和她说好了不参加决赛，你为什么要交表格上去？"

"我什么时候交了她的表格了？"我有些莫名其妙。

"你不用解释了。你是不是喜欢我？杨曼告诉我了，之前在高三时，谢谢你的鼓励，但你不用因为我来Z大，也不用这么做。就算杨曼去了加拿大，我们也不会分手，等她回来后我们依然会在一起。"李程欧的话软中带刺。

我冷笑："我管你们怎样。你有信心会一直在一起现在打电话来干吗？你未免也太把我当回事了，我才没空去管你们那些事。"

这才是杨曼的性格，一箭双雕。她从不会轻易原谅别人，她不会来硬的，她会在你以为事情过去之后，转身突然给你致命一击。她的情绪才是真正放在心里面。

我对她一点儿也不恨，从小到大这么多年的友情，说恨哪里恨得起来。我和她已经和亲人一样，新和好，却不知会是哪天。

我们就像磁铁的南极，明明相同，却又相斥，都不愿先转过身，化成北极。

5

李程欧太过自信，杨曼在加拿大时，和他说了分手，新男友是个高富帅。这些都是杨曼后来告诉我的。

杨曼在加拿大给我打电话，电话响时我正在图书馆，看见来电显示时我高兴地"啊"了一声，一边向被打扰的人说"抱歉"，一边跑出去接电话。

电话那头杨曼活力十足："林浣你在干吗？"

　　"图书馆呢。"我看见对面玻璃上映出了自己的笑脸。

　　我们又和好了，就像以前一样亲密，我们都原谅了对方。杨曼向我承认，当初是她自己交的表格，后来也向李程欧承认了，这也直接导致了他们分手。但那些在我看来，都不是值得生气到现在的事情。而且我也不该瞒着她，不让她知道我认识李程欧。

　　后来李程欧也给我打过电话说对不起，我耸耸肩："没关系啦。"

　　"林浣……"李程欧仍有些歉疚。

　　"喂，你该不会为了补偿我而以身相许吧？"我打趣他。

　　"才不是呢！"他松了口气，然后在那头小心翼翼地说："我是想说，我觉得你性格很好，如果你愿意，我们还能做朋友吧？"

　　"我们本来就是好朋友啦。"这么久了，我早已经不生气了，什么都会过去的。

　　后来杨曼去了加拿大读研，我依然留在这座城市，李程欧也留在了这，但他在城市最西边，我在最东边，一直也没有见面。

6

给杨曼办洗尘宴时，我看到很久之前的同学如今都已长大，有的甚至成家了，不由得和杨曼感叹时光蹉跎。她笑着拍我的脑袋："得啦，别文艺了。"我也笑着拍她两下，一边接电话。

我去门口接了李程欧，他依然一副温和的样子，但成熟了很多。我笑着逗他："变成熟男人了哈。"

他很无语地扬扬眉，我按下电梯，转身看他："不过，一会儿，见着杨曼可别上演韩剧情节。"他点头："你以为我演技有那么好？放心吧。"

杨曼见着李程欧后起身打招呼，我看看他俩的脸色，偷偷地舒了口气。

吃完饭大家去KTV，李程欧待了一会儿便起身告辞，说还有事，被大家怂恿着唱首歌再走，他笑笑，没有拒绝。

我和杨曼知道他是唱给我们的，他唱了五月天的《笑忘歌》：

> 伤心的都忘记了
> 只记得这首笑忘歌
> 那一年天空很高风很清澈

从头到脚趾都快乐

我和你都约好了

要再唱这首笑忘歌

这一生只愿只要平凡快乐

谁说这样不伟大呢

我送李程欧出去，他回头说："你回去吧。"

"嗯。"我点头。

他给了我一个拥抱："谢谢，我走了。"

"再见。"我冲他挥挥手，挥别我的旧时光，转过了身。

失踪的阿布

失踪的阿布

小妖寂寂

1.我的阿布不见了

十三岁的我是个寂寞的小姑娘，寂寞得每天闲下来时就对着一个叫阿布的玩偶公仔说话，阿布它既不会笑也不会哭，当然更不可能听得懂我的话。

所以，当那天只有我的房间里忽然冒出另一个人的声音时，我被吓了一大跳。

我紧张地盯着自己手中的阿布，我问它："阿布，是你在说话吗？"

等了一会儿，玩偶却还只是玩偶，我真傻，没有生命力的玩偶又怎么会说话，我自嘲着，认为自己定是出现了幻听。可这时候有阵嘲弄的笑声又在空气中响了起来，我慌乱地四下张望，终于发现此刻有个人影正趴在房间的窗台上盯着我看。

"你是谁，为什么捉弄我？"我一边警惕地问她，一边又羞又怒。

因为逆光，我有点儿瞧不清她的样貌，只凭声音听出那是个女孩儿。她没有回答我的话，却咻的一声直接从窗外跳了进来，啧啧，那身手真是了得。

待她在我面前站定后，我突然尖叫起来并惊恐得往后跟跄几步跌倒在床上。

因为我看到了一张熟悉的脸！一张长得和我一模一样的脸！

眼前的女孩儿嘿嘿地笑起来，她丝毫不客气地走到我旁边，然后一屁股坐了下来："别怕，我又不是坏人，不会害你啦。"

我一把扯起床单一角蒙住自己的脸，我颤声问她："你究竟是谁？"

"难道我长得很丑或者是长得很凶，所以你这么怕我？"她气鼓鼓地扯下我脸上的床单后，那黑亮的眼珠子骨碌碌地转了一圈，"我就是你啊，其实我就是另一个你！"

女孩儿轻柔细腻的嗓音终于抚平了我的恐惧，我狐疑地盯着她看。

"这是怎么回事？"

"天机不可泄露，你只需要知道我是来陪伴你和帮助你的。"

还没等我再发问，女孩儿却不知何时已移步到窗台边，我惊愕中只见她身形一闪，房间里便又只剩下我一人，以及空气中她留下的一串银铃般的笑声。

我呆呆地坐在床边上，许久才回过神儿来。

她是谁，是人还是妖，是神还是鬼，她从哪里来，这又到哪里去了？

我想起最近班上大家正在传阅的幻想小说，不禁浮想联翩……脑袋里的糨糊越来越多了，忽然觉得手中空空的，我低头一看，我的玩偶阿布不见了！

哼，真没想到她还是个小偷！

2.神秘女孩儿

一不小心我又在课堂上睡了绵长的一觉。

醒来的时候，我发现教室已是空荡荡的，同学们都放学回家去了。

脑袋有点儿昏沉沉的，我用力一甩，视线就对上一双乌黑明亮的眼睛。我被吓了一跳，什么时候我旁边的空位竟坐了个女孩儿，定睛一看，居然是她！那个长得和我一个样子自称是另外一个我的神秘女孩儿！

我问她："你又来干什么？"

她笑眯眯地看着我："我来陪伴你和帮助你啊！"

我被她盯得有点儿不好意思，只好扭过头去张望黑板，糟糕，上面写着明天一早要交的课后练习卷子。扫了一眼书桌上显然是新发下来的数学卷子，我皱起了眉头，没听课，题目都看不懂怎么做呀？

不交卷子是要请家长的，半晌，我把卷子摊到了女孩儿面前："会不会做？"

看见她点头，我又开口："半个小时，帮我完成它。"

女孩儿看着我摇头，她不愿意。我从鼻子里不屑地哼了一声，还说是来陪伴我和帮助我的，说话不算话的小人！

我咬咬牙心里有了个主意。

我起身走到了数学课代表的座位边上，卷子的答案就在课代表的抽屉里，虽然上了小锁，但那难不倒我。

可是我才刚想动手就被制止了，有一双手按住了我的手臂。

"放开我！"我凶巴巴地盯着这个多管闲事的女孩儿，可她一点儿都没有退缩，并且把我拉回到了教室最后一排我们的座位上，她的力气大得惊人。

"不劳而获是可耻的，你不会，我可以教你。"

我抬头看了看教室墙上的挂钟，脸露难色："可我在六点前必须回到家。"

"没问题！"她笑得狡黠，我顺着她的手指尖望过去，天啊，我养在窗台上玻璃缸里的小金鱼停止了游动，它没有沉到水底，而是在水中直接就定格了一样。等等，我想证实什么般望向墙上的挂钟，果然看到秒针神奇地停止了跳动！

我瞪大了眼睛，女孩儿朝我点点头……

不知过了多长时间，我的卷子终于做完了，不知为什么，我今天的脑瓜子特别好使，她一点我就能明白。

我边埋头收拾书包边犹豫要不要跟女孩儿说谢谢，可等我再抬头时却发现她不在了。

跑到教室门外，长长的走廊里也没看到她的身影。

3.梦一场吗？

我怀疑自己是不是做了一场梦。

因为接下来的几天里，我再没有见到她，那个似乎有着神秘力量的女孩儿，她再没有出现。但是桌面上那张布满红勾勾的卷子分明又在提醒我，她确实曾存在过。

她是有着特异功能的奇人？神仙？精灵？妖怪？鬼魂？

噢，也许我真是小说看得多了。

但这个神秘的女孩儿，那天她真的让时间静止了，那天我回到家时还不到五点半呢。可是能让时间静止的她到哪里去了呢？还有，她为什么会长得和我一模一样？

对，她还偷走了我的阿布！

这几天里，没有阿布，我有点儿不习惯。

阿布是两年前我在家里无意中发现的一个小玩偶，它就被卡在电视柜与墙壁的缝隙里，被我拣出来时，浑身脏兮兮的像是被遗弃了许久许久。我还以为它是我小时候玩过的玩具，可等我把它清洗干净之后，我确定我不认识它。后来我发现在这小小的玩偶公仔身上，刻着一个"布"字，所以我决定叫它阿布。

我后来会在空暇的时候对着阿布说话，因为我也是个寂寞的孩子。

我觉得爸爸妈妈都不爱我，从小他们就对我很淡漠的样子，对我的要求只有一个，就是晚上六点前必须回到家里。他们没有帮我检查过作业，没有陪我出门逛过街，更没有给我过过一次的生日，他们几乎所有的时间和精力都只贡献给了自己的工作，这么多年来我就像阿布一样被遗弃在小角落里，孤单地成长着。

曾经我怀疑过他们是不是嫌弃我是个女孩子，后来我又怀疑我不是他们亲生的。

读小学时邻居的大胖偷偷地告诉我说我原来有个姐姐的，但后来不知怎么没了。这话，我自然是不敢向父母求证，但我开始更加相信我是捡来的了，因为他们的亲生女儿不在了，所以他们只好捡了我来养。

真相肯定是这样的，而阿布，肯定就是那个姐姐曾经玩过的玩具。

可现在阿布不见了。没有了阿布，我感觉更加的寂寞了。

如果那个姐姐还在该多好啊，有个姐姐的感觉是什么样的呢，她一定会陪我玩会保护我吧……不对，如果姐姐还在，他们就不会捡我了。

既然生活里没有了阿布，也没有姐姐，我只好更频繁地在课堂上睡觉了。

不过我在睡着的时候老梦到有一双眼睛在盯着我看，像是那个女孩儿坐在我旁边，她笑眯眯地歪着小脑袋看我，可是醒来后我旁边的座位又总是空空的。

这让我莫名其妙地有一点儿失落。

4.神奇的一节课

我的座位就在教室最后一排的角落里，我没有同桌。

其实我的个子也不算高，但我实在讨厌我原来的同桌王小天，每次我一睡觉，他就拿笔尖戳醒我，还老像个长舌妇唠叨我要好好学习什么的，我受不了，有天一咬牙就要求坐到后面去了。新座位挺不错的，空间大，当然，关键是没人管我了。

数学课是我瞌睡虫最喜欢来袭的课堂，但这一次教数学的林老头没有选择忽略我，他拿着长长的戒尺用力地拍打在我旁边的桌上，我只得惊醒了过来。

"高筱漫，你咋就这么不争气，你来学校到底是为了念书还是为了睡觉？"

林老头很愤怒的样子，真难得他也会对我一脸恨铁不成钢。

见我一副不知悔改的模样，他摇摇头，叹了口气说："前几天你的数学卷子做得不错，我还以为你醒悟了，但现在看来还是……"

我发誓，如果能再见那神秘的女孩儿，我一定要问她有没有能让人闭嘴的魔法。

我的没心没肺让林老头很无奈，他终于还是回到了讲台上去。

把脑袋再搁到手臂上，我正准备继续和周公下棋去，忽然又有人拿尖细的东西在戳我。我以为又是王小天，于是愤怒地抬起头来，却猝不及防地对上了一双似笑非笑的明亮眼睛。我有点儿不相信地用力拍了拍自己的脸，疼，眼前的女孩儿也还在，居然真的是她！

"是你拿了我的阿布吧？"怕她逃跑，我急得一把抓住了她的手。

"小点儿力！"她吃疼，小脸皱成了团疙瘩样。

我低声数落她："你好大的胆子，居然敢混进林老头的课堂里。"

女孩儿做了个嘘的手势，指了指黑板，又帮我摆正桌面上的数学课本，我懂她的意思，不就是叫我认真听课嘛。

开玩笑，她是谁啊，我才不要听她的。

然而下一秒，我却发现自己不能动了，就像被施了定身术，我只能坐得端端正正地看着黑板。一丝恐惧涌上我心头，就在我要大叫起来的时候，我听到了耳边传来的女孩儿充满恶作剧意味的细微笑声。

真可恶，原来是她在作弄我！

就这样，我被逼乖乖地听完了一节课。下课后我双手叉腰气呼呼地瞪着她，现在我丝毫也不会因为她长着一副和我相同的模样而感觉害怕了。

我只是在想，如果她真的是另一个我，我如果要揍她的话，我自己会不会疼呢？

5.日记

拜某人所赐，接下来我规规矩矩上了两天课，没法，某人的定身法可不是唬人的。刚开始我还担心她要陪我一起上课，不知如何向老师同学解释，后来我才知道，原来除了我别人都看不到她。

不过挺神奇，这两天里，老师们看见我都点头微笑露出欣慰的表情，而同学们也愿意邀我一起参加课外活动了。这些让我怪不好意思的。

所以第三天的时候，我和女孩儿说不用再施加魔法在我身上了。

是的，没有定身术，我也开始愿意用心听课，因为我要用行动来换取一个愿望。女孩儿说，只要我月考进步二十名以上，她就可以满足我的一个愿望。

"你的愿望和你的爸爸妈妈有关吗？"女孩儿忽然问我。

我没有作声，然后沉默中我的眼泪慢慢地滑落了下来，这是我心里的暗伤，一旦触碰，委屈便会排山倒海而来。就算我不是他们亲生的，我也那么渴望他们的爱。

"我可以跟你回一次家吗？"她又问我。

难道真是心灵相通，我居然发现她好像也忧伤起来了。"跟我回家？"我擦擦眼泪，"你要干什么，你要敢胡来小心我找道士收了你！"

我真的带着女孩儿回了家。

其实我答不答应也没什么区别，她来无影去无踪的，想在哪出现就在哪出现，第一次看见她时她不是还从窗户外跳进了我房间嘛。

刚好父母休息在家，不过他们看不见她，不然准会吓一大跳，她长得跟我那么像！

晚上妈妈竟难得地下厨了，做了一桌子好吃的。吃饭的时候，女孩儿也坐到了餐桌旁，她当然没动筷子，她就坐着，一会儿看看我一会儿看看我的父母。不过我发现她看我爸爸妈妈的时候比看我的时候更多，而且在看他们的时候眼里闪烁着异样的光芒。

我心想，该不会是她爸爸妈妈长得和我爸爸妈妈一个样子吧？

晚饭后，我在客厅坐了好一会儿，我想也许他们会想和我聊聊天，但我失望了。

我闷闷不乐地回了房间里，女孩儿递给我一个厚本子："我偷偷弄来的，是你爸妈的日记本噢！"说着她就开始一页一页地翻给我看。

我的眼睛渐渐地模糊了，日记本里记录着我成长的足迹，还贴有我小时候的照片。

那一夜，我梦到了很美好的梦境，半夜里醒来的时候我还是笑着的。

可是我发现女孩儿坐在床角哭，她说她做梦了，她一直一直在哭，哭得我手足无措，我不知道是什么样的梦境让她那么悲伤委屈，我只好轻轻拥抱了她。

然后她在我的怀里，说了莫名其妙的一句话。

她说："明天走路小心点儿。"

6.姐姐和我

第二天我醒来的时候，发现女孩儿又不见了。

上学的路上，我想起她夜里的哭泣，有点儿莫名的不安。在路过一栋在建的大厦时，我忽然听到人们的惊呼声，我站定脚步仰起头想看看发生了什么事情，却只看到一块长方形的黑影从空中飞速向我压下来……在失去意识前的那一个瞬间，我似乎在空气中看到了女孩儿的脸，还听到了轰隆的一声巨响。

等我醒来时，我发现自己躺在医院里。

我的左腿被裹了厚厚一层石膏，动弹不得，除此之外身上只有一些细微的擦伤。

爸爸妈妈守在我的病床前，妈妈的眼睛已经哭成了两只肿桃子。

"漫漫对不起，妈妈应该在你身边的，如果妈妈在你身边你就不会受伤了，都是妈妈的错。"她抓着我的手，一个劲儿地和我道歉，"对不起，我看了你书包里的日记，你是爸爸妈妈亲生的孩子，爸爸妈妈不是不爱你，也不是不愿理睬你，而是不敢见你啊！"

我靠在妈妈的怀里，听着她讲完了事情的真相。

原来我和姐姐都是他们亲生的孩子，姐姐因为意外去世的那年十三岁，而我才五岁，所以我什么都不记得了。姐姐的离去让父母久久无法走出悲伤，后来一天一天长大的我，相貌越来越像姐姐，所以他们每次看到我，都会被勾起失去姐姐的伤痛。

"爸爸妈妈真知道错了，原谅我们好吗？"

我哭得稀里哗啦的说不出话来，只好拼命地对着他们点头。

王小天带了水果来看我，他说："高筱漫你命真大，不过救你的那个女孩子可真勇敢啊，她有没有大碍？"

"救我的女孩子？"王小天的话听得我一头的雾水。

"对啊，我看见有个女孩子扑上去推开了你的，不然你以为那么大一块钢板掉下来，你就只是伤了左腿，对了，那个女孩子好像长得跟你很像！"

王小天说得一板一眼的，可是除了他，再没有第二个人看见我是被一个女孩儿救了。

我忽然想起失去意识前空气里出现过女孩儿的脸……

我住院期间，那个自称是另一个我的女孩儿再没出现，是她救了我吗？她曾经说过她是过来陪伴我和保护我的，现在是完成了任务离开了吗？

直到有一天，我忽然从书包里摸出了一只玩偶公仔，那是失踪已久的阿布！

妈妈在看到我手中的阿布时很是惊讶，她说："这不是你姐姐小时候玩过的娃娃吗，你是从哪里得来的？"

我紧紧地握着阿布，不知为什么眼泪又开始不断地往外冒了。

7.阿布的秘密

重新回到学校后刚好要考期中试。

因为住院期间王小天每天下课后都过来帮我补习，我一点儿也不怕考试了。而且我曾经和女孩儿有过一个约定，只要我进步超过二十名，她就要满足我的愿望。

其实愿望是否能实现已经不那么重要了，我只是有点儿想念她，我想见到她。

可是直到考试成绩公布，她都没有出现。

我真的做到了，整整进步二十八个名次，我没有食言，我等呀等，却一直没有再遇见那个长得和我一模一样的女孩儿。

后来就到了我十三周岁生日，那天爸爸妈妈特地请了假回来陪我。

这是我始料不及的，我长这么大，记忆里他们没有给我过过生日，因为我生日的那天就是姐姐离去的日子。更糟糕的是，姐姐是因为救我而丢掉性命的，五岁那年的生日，他们带着我去儿童公园玩，我失足掉进湖里，是刚学会游泳的姐姐毫不犹豫地跳进水里要救我。

于是我就捡回了一条命，姐姐却永远地走了。

从此父母再不敢给我过生日。我理解了他们的爱与痛，我也理解他们面对我时那种欲爱不能的折磨，所以我在得知真相的那一天就已经不想实现这个愿望了。

是的，我还来不及告诉女孩儿的愿望就是：父母陪我过一次生日。

"过了这么多年了，爸爸妈妈也应该放下了，以后你的生日我们都要庆祝。"顿了顿，妈妈又说，"你姐姐泉下有知一定会为我们感到高兴的。"

于是在十三岁这年，我过了一个最最难忘的生日。

那一天我穿起了漂亮的裙子，在烛光与鲜花的围绕下接受了父母的祝福与关爱。

那一天夜里我做了一个温暖的梦。

在梦里，那个女孩儿又出现了，她告诉我，其实她并不是另外一个我，而是长得和我很像的姐姐。因为她不舍得离开我们，所以这么多年来她把自己的灵魂寄住在阿布的身上，当我那天对着阿布第一百次提到姐姐这个称呼时，她就被呼唤了出来。

女孩儿还说，看到爸爸妈妈现在对我这么好，她也就放心了，她要走了，去寻找自己的幸福下一站。

从梦里醒来的时候，我把阿布贴近了心口，我轻轻地说："姐姐，我爱你。"

你听到了吗？

太阳花香，种翅膀

遐依

序　曲

信已封好，程小苗却不知该往哪里邮寄。

白玉葵。

她做了一场长长的，长长的梦，梦成真了，给她这个梦的人，却只留下一个好听的名字。

"你说，你是天使，专程来给我种翅膀。我长出了翅膀，怎么却飞不到你的天堂。"程小苗望着桌旁灿然的向日葵，那个送过她一整片向日葵花田的人去哪里了呢？

壹

这世上怎会有如此爱花的男孩子。

遇见你的第一天我这么想。白玉葵，如果不认识你，我一定会认为拥有这样一个名字的你是个不折不扣的女孩儿。

最近听说这里被一个农场主撒满了向日葵的种子，那天从医院溜出来，记起这里离医院不远，便想过来看看花儿长得怎样了，却没有想到，已繁衍成花海。

一片一望无际的向日葵花田中站着一个向日葵般的你，你站在太阳下面冲我微笑，漂亮的眼睛眯成一条缝儿。

"为什么看着我？"人缘极好的我第一次这么傻地问一个陌生人。

"我叫白玉葵，看你是因为想和你做好朋友。"也是第一次听到一个陌生人这么傻的回答。

"要是我不答应呢？"我歪起头，打量起比我高上半个头的你，才发现你的面孔是如此清秀而明朗，似曾相识。

"若是我把最喜欢的向日葵送给你，你会不会答应？"你指着这片花田，目光说不出的温柔。

"这些又不是你的，你怎么送？"

"只要你想看，我随时都可以带你来呀。这样都不算吗？为什么自己的就要放在自己身边呢？"你一改先前的老实，狡黠却郑重地说。

我一怔，真是奇怪而美好的思维方式。

"好。我是程小苗，你叫我橙子就行了，从今天开始，我们是朋友啦。"我伸出手。

"我说的是好朋友哦。"你不知好歹地得寸进尺。

"好好好！"我无奈。

"你脸色不好。"你突然说。

我脸上没了笑容，沉默了。

你却不闭嘴，拍着我的肩膀说："没事的！有我在呢！"

我被你弄得又委屈又气愤，你一个和我认识了没几分钟的臭小子，怎么会了解我的情况！怎么敢信誓旦旦地说没事！

可当我抬眸，对上你的目光，就怒不起来了。那种目光，就好像真的很理解我，能让人放心地信任你；就好像，温暖的阳光。

被你看着看着，我就哭了出来。阴湿的心情一直被一座叫作"坚强"的大坝堵着，突然撞见你这样的阳光，一下子全部涌出来，溃不成军。

你也是见不得女孩儿眼泪的男生，连忙说了一大堆的话，我都没听太清，似乎关乎安慰我，关乎向日葵，以及向日葵的花语。虽然没听清，依然被你成功地转移了注意力。

这时我就发现，你是如此了解向日葵，如此钟爱这样一种关乎阳光的花朵。

那天说完再见，你自顾自蹦出一句令我费解的话："嘿，我给你种翅膀吧。"

贰

你捧着一只雪白的兔子出现在我的病房中。

我的病因为这几个月偷偷跑出去而更加严重了，被勒令躺在满是消毒水味道的病房中。床单比你带来的小白兔还要白，苍白。

"你怎么知道我在哪间病房？"我每一次都和你在花田碰面，并没有告诉你自己在哪里住院。

可是我不惊讶。几天交谈下来，你是个太神秘的男孩子，对我的一切似乎都了如指掌。你偶尔欺负我，开我的玩笑，又关心我，安慰我，给我带来那么多的笑声。

你在我的床边坐下，我接过你手上那只乖巧的白兔。

"橙子，你今年十六了吧？"忽然，你揉揉我的发顶问。

我心弦一颤。被这以前与男生从没有过的亲昵动作惊着，却没有躲开，噘了噘嘴："你什么都知道。"

"那当然，我是个天使，专程来给你种翅膀的天使。"你笑。

不知道为什么，你的笑容，渐渐模糊起来……

我清醒过来的时候，我们在向日葵花田中。我们的身旁，是擎天的向日葵，月光，沿着叶脉滴落，一直落到你的瞳洞中，璀然流淌成银河。

我冲你瞪大了眸子，说不出话来，你却还是冲我笑，满脸温暖的、缄默的笑容。而我此时回过神来，手背传来柔和的触觉，是你的手，覆在上面。

"你真是天使吗？"我的脸上飘着粉红色的云朵，良久，只吐出这么一句话。

"我是你的天使。"你言语清浅，一掠而过。

那只雪白的小兔，就在这时，翩然一跃，竟跃入了我的胸口，生生地，散着淡淡的荧光，进去了。

我惊慌失措，失声道："玉葵！小兔！"

你一把拥我入怀，我伏在你胸口，听得到你的心跳，临空无凭的心，一下子安稳下来。

你轻抚我的发顶，呢喃着："别怕，别怕，有我在。"

我嗅着你的味道，年轻男孩子的味道，白衬衫的味道，消毒水的味道。

消毒水的味道？我溺在其中，升腾出的一点点疑惑立即被覆盖下去。

我的后背渐渐涌出暖流，痒痒的，似乎有什么要破茧而出。

你的目光忽然辽远起来："那一年，你五岁，刚刚拥有记忆的年纪，那年的某一个晚上，黑暗猝然扼住你的喉，你呼吸不到氧气，惊慌失措地吵醒爸妈，对你来说，那恐怕是你人生中最漫长的两分钟，你听不到父母惊恐的关切，你捶打着自己，感觉要死掉了般难受。"

你突如其来的话语将我带回好多年前的那个夜晚，痛苦深刻地袭来，我手脚冰凉，拼命捂住耳朵。

我看见你脸上一闪而过的剧烈的心疼，然而无从思考。

"但你熬过去了，小苗，已经过去了，现在的你，每天都能呼吸到氧气，每天都拥有最新鲜的阳光。为什么还紧紧攥着痛苦念念不忘呢？"

埋了那么久那么久的痛，就这样打湿了你的肩膀，我靠在你肩上，虚脱，你紧紧攥着我冰凉的手，将它握得湿透。

背后越来越炙热。

叁

我睁开眼睛，身处病房。我愣愣地望着你。但我是不折不扣的双鱼呢，愣着愣着，就接受了这些二次元世界才会发生的事情，并且，难得神经大条的是，并没有去想你如何知晓我最深处的记忆。

你也凝视着我，然后凑近，呼吸扑在我脸上，我整个身子都绷紧了，红着脸，抿着唇，任你呓语般贴近我的耳朵，你却又欲言又止。

你的呼吸离开我的脸颊，我似乎瞥到你耳根后的一抹绯红，眨眨眼再看，似乎有并没有存在过。你斜睨着我："看什么呢！"

我扑哧一声笑了，把被你勾出的难受忘在脑后。后来，我再回忆起五岁的那个晚上，再也没有从前那么刻骨的痛苦。

好像，心的罅隙里，一朵向日葵正抽芽。

"时间不早了，我要走了，你好好休息哦，我会来看你的，乖，听话。"

"我才不是小孩子啊。"

你没有食言，过了两天就又来了。但是一走进病房就接收到我嗔怪的眼神，你知道吗，两天实在是太漫长了。

这个时候，我的病房内，还有我最好的朋友——程晓桔。

她不多话，准确来说，对陌生人不多话，只是微微一笑说："你好。对于我刚刚递给你的眼神，倒是十分好奇。"

我不回应她带着笑意询问的眼神，却不得不对你大侃了她一番，因为我们这对好朋友，渊源之深，不仅是姓名，还有性格、爱好，最重要的是，从幼儿园开始，我们就是邻居，一对好姐妹。

听罢，你皱了皱眉，若有所思。

这时，晓桔接到她的青梅竹马许青末的电话，匆匆离开。

我正想和你聊些什么，你说："你脸色不好，我给你做按摩吧。"

"好啊，没想到你还会这个。"我挑眉。

这一次，我又慢慢迷糊了，来到那片高高的向日葵花海中。

我轻轻地放开你的手，对于背后莫名的炙热，隐隐警惕着。

你拉我坐下，没有解释，就像上次一样，开口："五岁的你反复住院，父母告诉你，你得了重感冒，小小的你对死亡没有概念，医院的一切都是新奇的，你的童年因你的天真并不苍白……

"可是你渐渐长大了，你小小的心中开始装东西，装那些父母不曾告诉你的东西。

"你会偷听医生们针对你的病情开的研究会议；你会在深夜醒来的时候，踮着脚走到病房外的长椅前，无能为力地凝视爸爸皱着眉的睡颜；你会仰着脸，在社区大门口张贴的居委会发动的募捐红纸上看到自己的名字；你察觉到自己进小卖部偶尔买一些零食的时候，不用和别的小朋友一样付钱……"

"别说了。"我冷冷地打断你。

"那些都没有夺走你的笑脸，只是那天——"

"别说了！"我腾地站起，身子，不住地战栗。

咸咸的海水要把无助的我淹没了。

你很有力很用力地抱住我，像是要把我融进你的身心。你也在颤抖，可你抬手，那么温柔地抚摸我灼得发疼，疼得无法忍受的背，依然说下去："那天，你新交了一个朋友，你拿出家中的小黑板和所有的粉笔，和她一起画画，你们很开心。

"然后她的妈妈来了，看见你们在一起玩，忽地变了脸色，这个面容慈祥的女人，不顾你还在一旁，一把拉起你的新朋友，她的女儿匆匆走开，边走还边低声呵斥：'你怎么能和她一起玩，这么笨啊，传染给你怎么办？！'

"你没有机会告诉你的那个朋友，你的病不会传染，因为，她再也没有出现过……

"橙子，你不要再被困住了，你和大家是一样的，你是最美好的女孩。"

我又哭了，我用劲儿地锤你，打你。你一动不动。

我在你眼中，看到好深好深的心疼，在妖媚的月色下，泛着清冽的光。

突然就释怀了。

"哗"的一声，我背后钻心的炙热，化作洁白的双翼，绽放成花。

雪白的，巨大的，羽翼。

你漾出笑痕，暖心的温度在空气中一波一波四散开来，你久久地凝视我，然后，还是没逼回眼泪，一大颗晶莹剔透的液体，坠下。

你说："橙子，我终于为你种出了翅膀。"

肆

回到病房之后，我的翅膀就消失了，其实我知道，你在我心里种下的翅膀，一直都在。

后来，我们很平静地相处着，我变得越来越爱笑，你总是很宠我，也时常欺负我，我居然就渐渐地，从学校中作为班长比较霸道的样子，成了你面前的萝莉。

你让我喝很苦的中药，我噘着嘴望着你，你揉揉我的发顶，我就听话地，皱着眉头喝下去了；你听我爸妈说，治我的病要抽骨髓，很痛，我不肯，你连哄带骗，让我乖乖去做了手术。爸妈夸你，只是我知道，最后心疼的，还是你。

我的病不是恶性的那种，可是，我这么听你的话，身体，还是越来越差。原本是小康的家庭，开始为了我负债。

我装作没心没肺跟你开玩笑：古今都天妒英才嘛！这说明我是个才女呢，呵呵。

你很配合地笑，捏我的脸，神情却是掩不住的落寞。

然后，不知道从什么时候开始，你来看我的次数越来越少，待的时间越来越短，最后，两个月都没有一丝音讯。

我第一次给你打电话，说："白玉葵，你亲自来说发生了什么事。不管你说什么，我都相信。但是，你要来见我，哪怕是最后一次。"

我可是敏感的双鱼呢，怎么会察觉不到，你要离开我了。

果然，你说："橙子，我有了新的任务，我要去做别人的天使了。"

这次，我没看你的眼睛。

我别过头去，没流眼泪，说："你去吧。"

甚至，都没说谢谢。也没有问理由。

再然后，你就真的走了，那天，我们相识一年一个月零四天。

出乎意料的，我和你的故事，并没有结束。

因为我把日子弄错了。其实，我们已经相识十三年一个月四天。

　　我告诉晓桔你走了的时候，我们正一同看青末和许嵩的座谈节目，那时，晓桔和青末这对从小的青梅竹马，终于修成正果。

　　我笑道："真好，你家青末是最有潜力的歌者！青梅竹马，是我最喜欢的爱情故事呢。不像某朵向日葵，一年生植物，产出的爱情也不长久。"

　　晓桔面色微缥，听到我的后半句话又一怔："你们不也是青梅竹马？苗，你难道不知道他是童年的Sun？"

　　我的脑海一片空白："他是Sun？！白玉葵是Sun！"

　　"青末和他是好朋友，我也是和青末提起才确定了他就是……"

　　向日葵，太阳花，太阳，Sun……

　　童年的，那个叫"Sun"的男孩子，是我在幼儿园时就相识的邻居家的哥哥，长我三岁，却和我们一群孩子关系无比的好。

　　小时候，缄默温柔的青末是晓桔的骑士。

　　明朗温暖如他，是我的骑士。

　　"笨苗苗，和我一样傻，都只记得他叫Sun，不问姓名，不问这外号的来由。好像觉得，不用知道那么多，时光深处的这个人，永远不会离去。"她抱住我，因为我的哀伤而哀伤。

伍

我仿佛明白了一切，可又觉得某个被自己忽略的心结，没有解开。

Sun的父亲，是省内著名的心理医生。以一身出神入化的催眠术闻名遐迩。而他，同样爱好心理学，必定尽承伯父真传。

白玉葵，他不是什么天使，那一切，都是他苦苦为我描绘的天国幻境。

而那个拥抱里会有消毒水的味道，就是因为他也是个医生呢。

我又去查那片花田的主人，果然是他，他播下那些种子，算准了向往桃花源的我会慕名而去。

我的骑士，那为什么，你这般煞费苦心地与公主重逢，不道一句"我喜欢你"就匆匆离场？

你离开已经两年，今年，我十九岁，大一历史系，开始和晓桔一样创作，却只写沉淀在时光深处的那些人，那些事，中华五千年的历史，是取之不尽用之不竭的源泉。同学们都盼望着爱情，然后陆陆续续地出双入对，我却徘徊着，没在等，只是，不想前进。

病还是没有好彻底，断断续续地回到医院。

躺在病床上的日子，我啃着晦涩却瑰丽的文言文，时常会走神想起小时候的日子。

我们一起养流浪猫，躲着父母，被发现的时候，你一口咬定是你一个人干的，于是，大人就全责备你去了。

我们一起玩跷跷板，我怕高，一点点高就害怕，娇气地大哭，大家又去责备你欺负妹妹，你挨完训之后，还是和我要好，什么事都没有一般冲我笑。我却莫名其妙地哭了，弄得你憋红了脸说："我唱歌给你听就不哭了好不好？"

我真的不哭了，轻轻抽泣着等你给我唱歌，因为哭的时候听不见。

你唱：

黑黑的天空低垂　亮亮的繁星相随

虫儿飞　虫儿飞　你在思念谁

天上的星星流泪　地上的玫瑰枯萎

冷风吹　冷风吹　只要有你陪

虫儿飞　花儿睡　一双又一对才美

不怕天黑　只怕心碎

不管累不累　也不管东南西北

陆

晓桔和青末来看我了，带了一束向日葵，专属于夏日的"太阳花"仿佛将世间最美好的颜色都融进每一根脉络。窗外，日光倾城。

晓桔似乎和青末悄悄说了句什么，惹得青末宠溺地揉了揉她的发顶，晓桔左颊上的酒窝浮出来。

我一阵恍惚，那个动作，和你一模一样。

"小苗，你恨不恨Sun？"青末忽然问我。

"为什么要恨他呢？"我扬起脸笑，一点儿都没有心虚。是的，我不怨你，更不恨你。

"如果他回来了，对你说，他还是想做你一个人的天使，你会为他打开天国的门吗？"

我愣住了。

"他回来了。"我说。并不是问句。

"苗，你太聪明了一点儿啊。"晓桔朝我吐舌头。

Sun，你真是个大傻瓜啊，你还在上大学，干吗休学加入医疗队跑到人家硝烟四起的地方做心理医生？我治病钱不够关你屁事啊，你不老老实实在我身边守着我……你是个，不称职的骑士啊。

"程小姐，有位先生已经为您缴全了后续的医疗费用，主治医生问您准备什么时候做最后一次根治的手术。"白衣的护士小姐敲门进来。

　　"他在哪里付款的？"

　　"一楼大厅收费处。"

　　我夺门而出。

　　向日葵的花语是勇敢，执着的爱。

　　Sun，这次，你再也不可以离我而去。这次，我会告诉你，我也是向日葵，需要向阳而生。

雕刻在时光里的木兔子

冬暖夏

壹

木暮和沈小鱼认识得很戏剧化。

那是高中开学的第三天，在那三天里，沉默木讷的木暮也知道了沈小鱼的大名。那个名字总是被班上那群最闹腾的男女生念叨着。

木暮想，沈小鱼应该是个很漂亮成绩很好的女生吧，大家都那么喜欢她。这个很有名的重点高中，基本都是初中直升上来的，少数是实力超群考进来的学霸，还有些木暮这样的特招生。说好听点儿，是为学校做了贡献进来的，说难听点儿，就是塞钱进来的。她转头看着窗外还在新建的游泳池，是她爸爸捐的呢。

下午的体育课，身体不太好的木暮有了班主任的特别批准，不用去上课。其实特招生也没有那么招人烦，除了她之外的那几个人都很快和班里的人打成了一片，就她总是孤单地坐在角落，或许她有特殊的讨人厌的气场吧。

她趴在课桌上，听着操场上热闹的嬉笑声，心里是有些羡慕的。突然，门被推开了。细细碎碎的脚步声传来。

木暮小心翼翼地抬起头，就看到个清秀的人背着书包走向沈小鱼的位置上，蓬松的短发在微风中微微有些絮乱，来人看到木暮傻兮兮的样子，轻轻笑了笑，在阳光的勾勒下，美得惊心动魄。

木暮局促地低下头，脸有些红。沈小鱼和她想象中一样呢，长得真好看。听着座椅搬动的声音，她还是忍不住偷偷望了过去。

谁知，看到了那尴尬的一幕。沈小鱼的浅色牛仔裤上有些淡淡的红痕。木暮赶紧从书包里掏出备用的小包站起身。

犹豫了一会儿，她才挪到沈小鱼旁边，把小包递过去说："沈小鱼同学，你……还是去卫生间看看比较好……"

沈小鱼奇怪地看着她，有些不解地接过小包，在看清包里的东西时，脸色一阵红一阵青，连手都有些颤抖。

木暮见她这个样子，心里有些难过，她真的很喜欢沈小鱼这样的女孩子，她很想和她做朋友，"我不小心看到的，你别生气。对不起。"

沈小鱼僵硬着把小包放到桌上，打开书包就开始翻找。一会儿，一张身份证就立在了木暮的眼前。

沈小鱼，性别男。

哦，原来沈小鱼是男生，是他不是她。木暮点点头，突然，她的脸像火烧起来似的，男生！她手忙脚乱地把桌上的小包拿起来就跑。"对不起对不起！"

慌不择路的下场通常就是摔倒，伴随着惊天动地的座椅倒地的声音，木暮光荣地摔在了地上，而她的小包里的东西撒得到处都是。这时，下课了的同学正好推门走了进来，目瞪口呆地看着教室里的场景。

木暮呆呆地半跪在地上，有些无措地开始捡东西，眼圈慢慢红了起来。她知道，她一直知道自己那么糟糕，什么事也做不好，就像她以前的朋友说的，要不是她家里有点儿钱，谁会理她？

围观的同学越来越多，细细碎碎的议论声一下一下敲击着木暮的耳膜。

"来。"温润的声音响起，木暮顺着眼前白净的手望去，只见沈小鱼半蹲着，笑得特别好看地看着她。

她有些不安地把手放到沈小鱼的手中，她想，就算沈小鱼不是女生，她也想和他做朋友。

贰

从那天起，木暮成了沈小鱼的前座，她也知道了，那天沈小鱼裤子上是学校围栏新刷的油漆。所以她特地去问了园丁，买了桶同样牌子的红油漆放在家里供奉起来。

"木小呆，放学了我们去赛车，去吗？"下课的时候，沈小鱼拿笔敲了敲正在埋头认真记笔记的木暮。

木暮回头点点头，虽然不知道赛车是什么，但是沈小鱼愿意带她去，她还是很高兴的。

夕阳下，一群少年推着自己的单车站在海滨大道上，这里极少有车来，沈小鱼他们总喜欢在放学后来这里赛单车，带着咸味的海风吹来，有种夏天特有的味道。

木暮也是第一次知道沈小鱼有女朋友，叫莫离。据说是隔壁学校的校花，鹅黄的棉布裙子配上黑丝绸般的长发特别好看，她很优雅地浅笑着和木暮打了招呼。

"木小呆，你和苏扬一组吧，我兄弟。"沈小鱼指了指一个笑容暖暖的男生。

木暮愣了愣才点点头，走到苏扬面前深深鞠了一躬说："打扰了。"

"她还真是呆得可爱呢。"莫离捂着嘴，轻轻敲了敲沈小鱼的背。

木暮等着苏扬，直到别人都起步了，苏扬才踏上脚踏板。两辆单车缓慢地行驶了起来，迎面扑来的风有着淡淡的海腥味。

木暮看着前方有些模糊的身影，"你骑那么慢，不是会输吗？"

苏扬轻轻笑了笑，"早就输了。"

那时木暮并不懂苏扬的意思，只是觉得前方沈小鱼那头被风吹乱的头发很好看。她从来都不知道世界上还有他那么好看的人，尤其他还有着全世界最动听的声音。

木暮和苏扬是最后到达终点的，远远地，她就看到骑着单车的沈小鱼单脚撑在地上大力对着他们挥着手，被风吹鼓的衬衣在夕阳的勾勒下散发着耀眼的光芒，深深刻在了她的脑海里。

赛车结束后，他们还要去自助烧烤。木暮捏了捏手中的手机，看着沈小鱼的后脑勺点了点头。

"要晚回来？"木妈妈惊讶的声音传来。

木暮不安地压低了音量，"是啊，妈你别等我了。"

"这……"木妈妈沉默了很久才勉强同意，"那你把地址告诉妈妈，一小时后司机来接你。"

木暮挂了电话刚抬头就看见沈小鱼放大的笑脸。

"真是乖宝宝。"沈小鱼伸出手揉了揉木暮的头，"走吧，咱们一起。"

木暮偏头看了看站在苏扬旁边的莫离，有些摸不着头脑。但是沈小鱼那么说，她还是很高兴的。和沈小鱼一起，她不经意看到地面上靠在一起的剪影，心就不可抑制"怦怦怦"地跳了起来。就连腥味的海风都嗅出了incanto charms的味道，那瓶香水是木妈妈送她的生日礼物，味道清甜，她十分喜欢。不过后来她才知道，那瓶香水的广告语是"初恋中女生的幸福感觉"。

毫无存在感地坐在桌子的角落，木暮端起果汁喝了几口，苏扬很贴心，替她和莫离都点了果汁，手上还端着莫离爱吃的各色烤串。

可是这些事，不应该是沈小鱼做吗？

吃饭的过程有些尴尬，其他桌都是欢声笑语的，就他们桌特别沉默，只有烤串在炭火上发出吱吱的声音。

"苏扬，去英国了，好好的。"沉默了很久，沈小鱼才开口。

"当然。"苏扬把烤好的鸡翅放到莫离的盘里，"你，你们也要好好的。"

木暮才明白，原来这是告别宴。她看了看沈小鱼，他低着头认真地烤着烤串，看不清神情，她正想把烤好的蔬菜放到盘子里，玻璃门就被推开了。

她家的司机和管家恭敬地站在门口说："小姐。"

木暮尴尬地站起身，对着桌上诧异看着她的人点点头说："再见。"

沈小鱼抬头看了看门边恭敬站着的人又低下头说："再见。"

叁

　　木暮没想到会见到莫离，或者说是这样的情况下遇到莫离。她和苏扬在百货商场里，一家接一家地挑选着东西，还很亲密地挽着对方的手。

　　"木暮？"木朝发现妹妹不对劲，顺着她的眼光看去，眉头皱了起来，"你同学？"

　　回过神来的木暮木讷地摇摇头，其实她和他们不熟悉，但是偏偏他们都和沈小鱼有关系。想了想，她有些抱歉地对着木朝合合手说："哥，我自己逛行不行？"

　　木朝若有所思地看着前方的苏扬，从包里掏出张购物卡说："买完东西打电话给我，我来接你。"

　　漫不经心地把卡塞到包里，木暮快步跑上去跟在两人的身后。

　　时间一秒一秒过去，两人手上也提满了大包小包，期间一直在亲昵地说着什么。直到在拐角处，他们突然停了下来，苏扬低头吻上了莫离的额头。

　　木暮震惊极了，手中的购物袋"唰唰"地掉在地上，引得前方两人蹙着眉转身。

　　"木暮！"莫离首先认出了她，脸色变得惨白，下意识推开苏扬退后了几步。

　　苏扬在最初的惊愕过后，很快恢复了平静，淡淡地望

失踪的阿布

着莫离。

"你别误会。"莫离理了理头发，精致秀美的脸上浮起小小的梨涡，"我和苏扬是发小，开玩笑的。"

木暮不语地捡起地上的纸袋，低着头看着地板。她从来没有遇到过这种情况，可沈小鱼那么好的人，莫离怎么舍得伤害他？

见木暮不说话，莫离有些急了，她急急地跑到她身边，用力抓住她的手说："你不会告诉小鱼对吧？"

木暮手上传来钝钝的痛感，莫离的指甲划破了她的手，沁出微微的血丝，她抬起头淡淡看着苏扬说："兄弟？"

"我喜欢莫离，怎么了吗？"苏扬漾起浅浅的笑，掏出手机递到木暮的面前，"你现在就打电话给沈小鱼啊！"

"苏扬！"莫离一把把手机打掉，尖锐的声音震得木暮发麻，"你疯了吗！"

苏扬对着木暮摊摊手，脸上还是玩世不恭的笑，"你用你手机打啊，告诉沈小鱼。"

"不要……"莫离带着哭腔不停地摇着头，可怜兮兮地看着木暮。

木暮想起那个下午，那个在她最狼狈的时候对着她伸出手的少年，毫不犹豫地掏出手机拨了沈小鱼的电话。

莫离紧张地抱住木暮的手，紧紧咬住下唇不发出一点儿动静。

"木小呆？"电话很快就接通了，在安静的角落里，沈小鱼清越的声音响起，偶尔还传来翻动书页的声响。

木暮突然就说不出话了，她沉默地听着手机里传来的声音，整个烦躁的情绪忽而就平静下来。

"你傻了？"沈小鱼笑了起来，接着传来椅凳的声音，他似乎站起身伸了个懒腰，"作业做完了？"

"就是……"木暮看了眼满脸泪花的莫离，"作业不会做……"

沈小鱼思考了一下，说："要不去必胜客做题吧，顺便吃晚饭，我爸妈要去聚会，莫离说有事，我正好没吃的。"

"好。"挂上电话后，木暮从包里掏出纸巾递给莫离，又看了看抱着手笑着的苏扬，"如果你下次还是'有这样的事'，我一定会告诉他。"

莫离没有接纸巾，低低说了声谢谢就转身走了。而苏扬挺直着背脊一直望着她的背影，直至消失。

木暮沉默着，她现在明白苏扬那句"早就输了"是什么意思了，可是她不明白的是莫离明明是沈小鱼的女朋友，而他是沈小鱼的好兄弟，为何他还能如此淡然？

肆

食不知味地吃着东西，木暮看到沈小鱼就像看到泛着绿光的巨无霸帽子，她只好翻出课本开始做作业。写着写着突然嗅到青柠的味道，她正准备抬头，就被一把按住。

"这里应该是这样……"修长白皙的手接过她的笔，在本子上来回演算着。

木暮的额头冒出细细的汗，旁边的沈小鱼还在大大咧咧地喝着青柠汁，手也在本子上飞舞。

"懂了？"见木暮半天没动静，沈小鱼奇怪地放下笔。

"懂了！"木暮赶紧点头，尽量小心挪着身子，远离那个让她心脏爆炸的物体。

"奇奇怪怪。"沈小鱼退回位置，手机突然响了声，他随意看了看，脸色突然有些不好，见木暮在看他，他就露出个安心的笑容，脸色恢复如初。

木暮时不时瞟手机几眼，在沈小鱼去卫生间的时候，她纠结了很久，才忐忑不安地拿起手机，快速划开屏幕，有密码锁，但是能看见新发来的短信的预览。

苏扬："我会把她抢过来……"

余下的内容木暮看不到，但是想也知道是什么，那个她就是莫离。

"木暮？"木暮正望着手机发呆，就听到声有些熟悉的喊声。回过头，她就看到了班上的一群女生。

　　有些慌乱地把手机放到桌上，木暮笑了笑说："你们好啊。"

　　那些人狐疑地看了看木暮，又看了看桌上的练习册说："小鱼的？"

　　"是啊。"沈小鱼笑嘻嘻地走过来，自然大方地坐在木暮的旁边。

　　场面顿时有些尴尬起来，那些女生的脸一阵红一阵白的，和沈小鱼说了几句话，还在走之前恨恨地瞪了木暮几眼。

　　第二天进教室的时候，饶是木暮神经大条，也发现了有不少的视线在打量她。低下头走回自己的座位，她想肯定是昨天必胜客的事传出去了。如果她站在其他人的角度，她也会讨厌自己的吧，毕竟看起来她确实很像沈小鱼的女朋友。

　　上课的时候，木暮无意识地拿着笔乱画，等她反应过来时，密密麻麻的沈小鱼布满了本子，懊恼地把本子收起来，她突然就很心酸。如果可以，她也很想像别人嫉妒中的她那样，但她终究不是莫离，也做不来苏扬那样的事。她是喜欢沈小鱼没错，那样温暖美好的男孩子谁能不喜欢呢，可她更喜欢幸福着的沈小鱼。

　　"木暮，你去仓库领下拖把。"

打扫的时候，不知从哪儿传来喊声，木暮低低应了就去了。可是当她怎么也打不开门时，她才知道，原来是预谋啊。

狭小的空间里浮动着发霉的味道，木暮撑着下巴看着窗外，三三两两的学生嬉笑着结伴回家，曾经她也是有这样的朋友的，如果她在，很快就会找到她的。

时间一秒一秒过去，夜幕也已经拉了下来，校园里的路灯都亮了起来。伴随着凌乱的脚步声，仓库的门被打开了。

木朝看着窗边那个不动的身影，轻轻喊了声："木暮。"

好像老电影的慢镜头般，木暮缓缓地回过头，清冷的月光下，木朝看见她哭了。在他的印象中，他只见过她哭过一次。

"哥。"木暮轻轻笑了笑，"我是不是真的很讨人厌？"

伍

苏扬最终还是留下来了。

沈小鱼在那个下午在海滨大道上走了很久，木暮默默跟在他的身后，数着两人走的步子。

"木小呆。"突然沈小鱼停下来，转过身定定地看着木暮说："你喜欢我吗？"

　　时间似是凝固了般，木暮看着公路上两人被夕阳拉长的影子，嘴边绽放了个很灿烂的笑容说："喜欢。我喜欢所有的朋友。"

　　沈小鱼伸出手揉了揉木暮的头说："你很像一个人，她叫钱清。"

　　木暮不可思议地看着沈小鱼，只见他闭上眼，浓密的睫毛微微颤动着说："你能不能帮我告诉她，我曾经非常非常喜欢她。"

　　木暮的眼圈逐渐红了。钱清就是她最好的朋友，从小一起长大，初中的时候木暮出国了，两人就靠邮件来联系。在那些邮件里，她的好朋友情窦初开，是个温柔的男孩子。在她回国前，钱清还表示会带着他来接机。"你什么时候知道的？"

　　"你大概不知道，钱清总喜欢提起你。说你木呆呆的像个兔子，可爱极了。"沈小鱼弯起嘴角，"她说得没错。"

　　泪水大滴大滴地砸碎在地上，木暮想起那个冰冷的下午，她站在机场等钱清，最后却等来车祸的消息。她回来了，钱清却要出国治疗了。

　　她还记得钱清在病床上脆弱的样子，那么怕疼的她插着好多管子，稚嫩苍白的脸上没有任何表情，看到她时，也只是微微地笑了笑："木呆呆，我要把所有都忘掉。"

那时候，木暮知道了，那个温柔的男孩子名叫苏扬。而钱清是因为和他吵架才出了车祸。

木暮一边笑着，一边抹着眼泪，真好笑不是吗，他们四个人真的太好笑了。

"我要去国外念书了。木小呆，你一个人要好好的。"沈小鱼从书包里拿出个木雕的兔子，看起来十分粗糙，"你不要嫌弃，这是我自己刻的。"

"那莫离呢？"

沈小鱼摇摇头说："苏扬会照顾好她的。是我不好，故意和她在一起却对她十分冷漠。从来都不是她的错。"

木暮摸了摸粗糙的木兔子，是啊，那种最纯的爱，何来谁的错。

后来，木暮还是融入了班级里的圈子。同学从来没有因为她的特招生身份而远离她，是她自己把自己包裹在特招生那层壳里，反倒忽略了同学友善的目光。

掏出书包里已经被摸得光滑的木兔子，木暮看着湛蓝的天空，沈小鱼说过，他曾经非常非常喜欢钱清。

那他后来，在他雕刻木兔子的时光里，是否喜欢过那个木呆呆，可爱极了的木兔子呢？

我对你的假动作

美好是悲伤的恩赐

晗　微

1

因为我的时间紧促，不得不挤出时间来辅导艾子叶，好在艾子叶很聪明，教一遍就能琢磨明白。很快艾子叶就不用我辅导了，我们经常黏在一起看书、温习功课。

我和艾子叶讲了我的秘密之一，我告诉艾子叶我没有爸爸。

艾子叶瞪大了眼："单亲？你还不知道自己父亲是谁？太偶像剧了吧……"

我苦笑："我哪有偶像剧女主的命好。"

作为交换，艾子叶告诉我她的一个秘密，她说她曾经骗爸爸要上一个补习班，把爸爸给的七百块钱买了吉他。

我暗暗咋舌，七百块够我用好久了。

有一天我和艾子叶一起回家，她认真地说："都没有去过你家呢，好想去呀。"

我有些为难："下次吧……"

艾子叶不由分说地挽着我，拉着我走："走啦走啦。"

我实在没办法，只好带着艾子叶往我家走。我心里有一股紧张感，好像撒了谎要被揭穿的小孩儿。我怕艾子叶不喜欢我的家，因此疏远我。

踏入明光巷，我领着艾子叶往家走，她好奇地打量着巷子，我们走到家门口，是弟弟来开的门，他有些意外："姐姐，是你同学？""嗯。"我转头向艾子叶，"郑荀，我弟弟。"艾子叶点点头，对郑荀笑笑："你好，我是喜喜的同学，叫艾子叶。"

庄明美不在家，又出去上班了。我掸掸床："坐吧。"

让我松了口气的是艾子叶没有问我家为什么在这个地方，也没有问为什么我家这么简陋。她只是与我谈论今天的音乐课听的几首歌。在送走艾子叶后，郑荀才从厨房出来，对我抬抬下巴："喏，饭已经做好在那里了。""你会做饭？"我有些愧疚。郑荀害羞地挠挠头："最近在学，想帮你腾出点儿时间。"

我看着他的脸，有点儿心酸。

　　我没想到，我住在明光巷的消息散播得那么快、我开始被指指点点，在厕所也听到同班女生与其他班女生以轻蔑的口气说："知道吗？我们班优等生郑喜喜，住在明光巷哦。"

　　"那种地方不是专住卖水果和收废品的人吗？听说还有许多小偷小摸的人呢。"是惊讶的语气。

　　"看不出来吧，平时一副不爱理人的样子。还以为她是有钱人呢。"

　　我几乎是颤抖着出的厕所门。一进教室，教室便安静下来，人人都一副认真看书的样子，但目光却盯着我。

　　嘲讽的、好奇的、冷漠的目光。

　　艾子叶偷偷趁老师板书时递过来张纸条："不是我说的，你相信我"。

　　"我相信你"。我传了回去。她看到后，对我感激地一笑。我也对她笑。我相信她。

　　通用技术课，班上看电影，是《贫民窟的百万富翁》。有人起哄："让郑喜喜去答啊！说不定人家也能中一百万呢！"一群人哄笑起来，我扯扯嘴角，面无表情地继续看。艾子叶"嘭"的一声拍了下桌子："你们有病是吧！"

　　恐怕不会有多少人明白我的难处，有的事情没有亲身经历过，是不会明白其中的苦楚的。就像打破一个瓷碗，被它割伤了手指，滴出血。而且你知道有大批闲人来等着

看你的笑话，所以你不能让他们得逞，你只能冷静，不能
哭，不能喊疼。

2

庄明美出事了。艾子叶在班上找到我时，对我说医院
打电话到老师那儿，老师让她来通知我。

庄明美居然在高危工厂工作，操作机器时，因为不
慎，手背卷进了机器里。据说被送到医院时手上的骨头都
看得见。

冲进病房时，庄明美正在打吊针，她的唇几乎灰白，
她对我疲惫地笑笑："没事，手以后还能用呢。"

我不忍看她绑了绷带的手："这叫没事吗？你是不是
要我担心死！你有事我和郑荀怎么办！"

她神秘地笑："我买了保险，你放心。"

我被庄明美的疯狂举动吓到了，她居然故意弄伤手，
因为保险公司会赔钱！

我从未像现在这样憎恨自己的贫穷，它让我们抬不起
头，为了有更好的日子，我们家一直在努力，甚至用了这
种法子，只为了一点儿少得可怜的保险金。我恨生活，憎
恨贫穷，为什么我们家要遭受它。

我回家去给庄明美拿生活用品，碰上郑荀正回家，我
拉住他问："去哪儿了？现在都六点了，你最近怎么回来

得这么晚。"瞧见他擦伤的手和脸："你打架了？"

他低头看着地面，挣开我得手，摸摸脸："没事。"

"怎么回事？"

"这几天在做兼职，今天碰到有人闹事。"

"郑苟！"我张张嘴，还是不忍心责备他，"帮忙收拾东西，妈住院了。"

艾子叶提了水果来看庄明美，我有些不好意思，"子叶，不用带东西来的。"

艾子叶眨眨眼："我们是好朋友啊，大不了你下次在我妈妈生病时也去看看她呀，她最喜欢你这种好孩子了！"我感激地一笑，不再推脱，把水果收下。

在最黑暗的日子里，还好有可以一起在黑暗中前行的人。

不多久，郑苟的班主任就打来电话，说郑苟最近的成绩一直在下降。我不允许郑苟再出去做兼职，郑苟不同意："妈住院还要钱，保险费她又不让花多少，你就让我帮你们分担些吧！"我拗不过他，只好同意："但如果你成绩再退，就不要做兼职了，这是条件。"

一个人坏运气到了极致，就会迎来好运气。我深信这一点。

3

庄明美一个多月后出院，好在伤得没有我想象中那么严重，但庄明美的右手已经不能提过重的东西了，她的工作也丢了。

在一次我兼职的时候，路过一条巷子，走过一间红砖围墙的房子时，看见里面竟种满了花草，是薄荷和夜来香。夜来香的香气很浓郁，开成紫红色的喇叭状。小时候听庄明美提起过，夜来香和薄荷都可以驱蚊虫，但我很少见到它们。

"进去看看吗？"苍老的声音在身后响起。我一惊，回头看去，是一位老奶奶，正拎着空的垃圾篓站在我身后，笑吟吟地看着我。

我点点头，没有拒绝。

幽静的小院让人莫名地心安，那天下午，我坐在旧木椅上与老奶奶聊天。我讲我的家，我的心情，她只是静静地听。讲罢，我心里无比轻松。她摸摸我的头："如果能看见嘉嘉，她应该也和你一样大了。"

"嘉嘉？"

"是我孙女。我已经好几年没看到她了。自从老头子去世了，嘉嘉的爸爸和大伯分了家，再没有回来了。"

她笑着说："老婆子我老喽，日子不多了，只可惜没

我对你的假动作

有看一看嘉嘉。"

"奶奶，以后我有空就过来看您吧，您就把我当嘉嘉来看吧。"

"这样吧，你以后常来陪我，我付你看护费。正好我没人照顾，你又在找兼职。"

我脸红了："我不是为了钱。"

奶奶拍拍我的手："我知道。但我与其把那些钱带入土，还不如帮帮你。"她笑了笑又说，"不过你可不能偷懒呀，我付了工资的，你可得好好照顾我。"

此时，我很想哭。被饿醒半夜起来找吃的时我没哭，被同学嘲笑时我没哭，在庄明美住院时我没哭，郑荀打零工我没哭，而现在，面对一个不久之前还是陌生人的信任和帮助时，我却想大哭。

眼前的景物像没有对准焦距的相机一样模糊。

当你落魄时，有人肯帮助你，是件多么让人感恩的事。如同掉入池塘挣扎得没力气时，有人伸了只手来拉你，这是多难得的事。

庄明美听说这件事后非常高兴，她亲自去买了食材，下厨做了很多我们家乡的菜，用近乎虔诚的速度。然后打包好，让我给奶奶送去。

郑荀的成绩也慢慢升回了原来的位置，还得了数学竞赛的第二名。我们的生活开始好转，我相信"一个人坏运气到了极致，必定会迎来好开始"终于实现了。

我的生活慢慢进入正轨，照顾奶奶成了每天放学后的期盼。奶奶总是和我讲她的故事。而庄明美借点钱买了电脑在网上开起了淘宝店，虽然班上仍会有人笑我穷，但那已经不那么重要了。

这天，我放学后去奶奶家，门口一个女生勾着头站着，用脚踢着石子。在我开门的时候，她抓着我的手问："以前这户人家搬走了吗？"

"哪户？"我有些茫然。

"就是一个老奶奶，大概七十来岁的样子，一个人住。"女孩比画着长相，"眼角这里有颗痣。"

我反应过来："哦，没搬呢。你是……嘉嘉？"

"嗯。"女孩儿点头，"你知道我？"

我带她进去。奶奶听到开门声迎出来，一脸惊愕，看清来人后，惊喜地搬了凳子，然后找水果，看着她手忙脚乱的样子，我站在一边微微地笑。

回到家和庄明美一说，她也高兴不已，喃喃说道："真好呀！"

让我和庄明美更高兴的是，郑荀居然拿了奖学金，他的名字，被一笔一画地写在大红榜上，透着喜气。庄明美与邻居聊天也中气十足："我儿子最近越来越争气了，还拿了奖学金呢!"郑苟听到了，总是害羞地笑。

而我也迎来了我的高考，同学们再也没有时间笑我，我和艾子叶每天都互相督促，约定要去同一所大学。

8月，我拿着与艾子叶一样的通知书跑回家。这次，我终于爽快地哭了出来。

我对你的假动作

杨西西

1

我最讨厌的人是顾良。

偏偏好死不死地和他成同桌了。

其实顾良人不错，而且还有点儿小姿色。我讨厌他有三点。

其一，洁癖。他从来不喝班上的纯净水。据他说，"那水一闻就有一股消毒水的味儿，我怕还没有喝下去就被这水熏倒了。"还有，他抽屉里的书永远摆得整整齐齐，抽屉的角落里必放一瓶空气清新剂，要我这抽屉凌乱不堪书角向上翘老高的同桌情何以堪？

其二，自大。高一时，有一女生亲手递上情书，他只看了一眼便顺手扔进旁边的垃圾桶。本来心花怒放的女生看见这一举动，恨不得冲上去赏他几记耳光，还好旁边的姐妹拼命拉住。从此，没人再敢亲手递上情书。

其三，腹黑。这一点是我加上去的，凑足三点嘛，虽然顾良对人笑容亲切，礼貌有加，但是一想到高一那档子丑事，我还能对他淡定吗？俗话说，害人之心不可有，防人之心不可无。在和他坐同桌的这段日子里，我只是祈求我这小日子安安稳稳。可是，旁边有位大神，我还能淡定吗？

2

与顾良同桌，真正见证了大神的魅力无可阻挡。

例如，下课后，我跑去打水，回到座位时就看到顾良前前后后的空位上坐满了女生，我座位上的妞儿看我正准备让她离开，马上换了一副可怜兮兮的表情。得，谁叫大神成绩好，长相佳，班上的女生趋之若鹜，只是可怜了平民同桌。

某日，身为同桌的我实在忍受不了各位妞儿们的骚扰，便向旁边的大神开口："顾良，你的魅力真的太羡煞旁人了。"

顾良扬着笑说："我也觉得我魅力大。"

我翻翻白眼，没好气地说："那你能不能收敛收敛啊？"

"我不会。"

气炸了！我在一旁咬牙切齿，想不到什么话来招架他，只能低声骂一句。

"赵渺渺，你停顿这会儿，我早就问候过你祖宗十八代了。"

看见没，这就是顾良，平时一副温和模样全都是骗人的，尖酸刻薄才是他的真面目，连骂人都不带脏字，这级别是有多高？但是，狗急了还跳墙呢，又何况人。

我气急败坏地跳起来，指着顾良说："顾良，你真讨人厌。"

顾良把身子靠在椅背上，幽幽地说："没人要你喜欢我。"

前座的闺密突然转过身在桌子上摊了一张纸条，视力好到爆的我低头一看，马上咽了咽口水，没骨气地坐了下来。

林夕的纸条上写着："顾良的粉丝你惹得起吗？"

3

新上任的劳动委员懒到骨子里去了，安排打扫清洁的同学按小组来分配，于是，我华丽丽地和大神一组了。

和他一组太折磨人了！本来高三楼就离水池最远，顾良又是洁癖男生，拖地前得去水池一次，拖地后还得再去一次。干吗拖地之后也要去水池一次呢？顾良听了我的话后骂我懒，当我挥舞着拖把时，顾良便要我把拖把杆再提高一点儿，别蹭着地。我忍无可忍，便向顾良开战了。

"我说顾良，别的组都是读报的时候拖地，为什么我们朝读和读报都拖地啊？"

"自己懒，别找借口。"一副嫌弃的模样。

"我哪儿有，是你自己太洁癖了好不好？"我红着脸极力争辩。

"你还一姑娘家呢，一点儿贤妻良母的模样都没有。"

"说谁呢！你不觉得，这样太浪费时间了吗，今天早晨定语从句的语法还没背呢。"

"你不就英语、语文好点儿吗，装什么爱学习啊？"

"哼哼，咱俩来比一比啊，我就不信期中考不过你！"

"别哼了，再哼就成猪了。"

啊啊啊，我甩甩拖把，扭头就走，走着瞧。

4

"哎哟！"我摸摸碰到书桌的额头，顿时清醒。还不能睡，要不是为了争个输赢能这么辛苦吗，打破原来的生物钟不说，喝过的咖啡盒连起来都可以绕地球半圈了。

醒了之后继续奋战，这样的日子持续到期中考。

我抱着我的数学试卷满心欢喜，哈哈，数学考了一百分，史上最高分哦。

可是一看同桌，我就不欢心了。大神数学考了一百三十分！

"哟，这次分不少啊。"大神把头向我伸来，努力张望我数学卷子上的分数。

"那是，不过这次英语似乎比以往的都简单，感觉这次超水平发挥。一百三一定没问题。"我拢了拢头发，装作不经意地说。哼，不是比分吗，who怕who？谁不知道你英语拖班级后腿！

"其实，我觉得理综最简单，而且化学还有两个原题。"顾良漫不经心地说。

"有原题吗？"我疑窦顿生。

"你没看书吗？"顾良扬着眉，一脸神气。

"你……"我强压着心中的怒火，向他挥着的拳头慢慢放下抚摸心口，重复地告诉自己，淡定淡定。脑海里却想着早上发生的一件事儿。

当我穿着我最喜欢的宝蓝色长裙出现在班级时，顾良从我一进班就盯着我，直到我坐到座位上。要知道，被一个帅哥盯这么长时间是会害羞的，何况顾良是班草，更何况我对帅哥一直都没有什么免疫力。

"那个……今天是要宣布期中考成绩吧？"我微微涨红脸，低声说。

"嗯。"顾良郑重地点点头，他皱着眉头努力冥思，然后抬起头说，"赵渺渺，你的裙子……"

"很漂亮吧？"我抬起头，有点儿娇嗔地说。

"不是。"顾良的眉头突然舒展开来，眼里的喜悦像花儿一样盛放开，"我想起来了，高一的时候，有个白痴被我扔了情书，她好像也是穿这条裙子，我记得裙子的领口上有一排镂空的白色花朵，那个女生就是你吧？！"

我睁大眼，满脸通红，刚刚的情绪全部烟散，生气地望着眼前的男生，大脑一片空白，不知道该说什么好。我转过身子，拿出书包里的书时弄出很大的声响，嘴里嘟囔着"能不这样讨厌吗"，眼泪就无声地流了出来。

是！我就是白痴到给他递情书的那个人，也许某人早就把我忘了，初三的时候，顾良穿着宝蓝色T恤推门而入，一脸的意气风发，那个时候我就对他一见倾心，所以才会拼命地努力，把自己中等的成绩提高到能够和他一起考上一中；才鼓足了勇气，把藏在心里的喜欢表达出来；才会在被拒绝之后，为了掩饰自己的脆弱，装出一副无坚不摧的女汉子模样。

我吸了吸鼻子，趴在桌子上。突然，一张纸巾出现在视野，顾良抱歉的语气传来，"赵渺渺对不起啊，当时因为很多女生递情书，所以很烦，想看看扔掉一个女生的情书情况会不会好一点儿，当时我也是鼓足了勇气才扔你情书的哈，不要生气了，你看我不是记得你穿的裙子嘛。"

敢情被大神拿来当成挡箭牌都没被记住模样！要我赵渺渺情何以堪？

我没好气地接过顾良手心里的纸巾，用力地擦拭眼泪，顾良以为我原谅他了，还开心地说："赵渺渺同学，女生就是该有女生大度的模样，你真是全校同学学习的榜样。"

"哼，姐没那福气，不过原谅你？开什么国际玩笑！我怕再哭是怎么死的都不知道，这笔账，先记着！"

5

只是没想到报复的机会来得这么快。

顾良一直撑着头的手突然下滑到课桌上，他用另一只手撸撸外套的袖口，淡定地继续撑着头，余光瞥到目瞪口呆的我，狡黠地一笑，然后再在草稿纸上写着什么。

大神的手心居然藏着耳机！

大神居然在上课听歌！

大神居然在课上听歌！

顾良的纸条传了过来，上面写着，"你知道这科的课很无聊的啦。"句末还画了个笑脸。

我抬起头来，老师在讲台上奋笔疾书，我瞥瞥旁边的顾良，他正低着头假装入神地听讲。要不要揭发顾良呢？这是个绝好的机会，只是老巫婆那么偏爱顾良，而且这样不就和他的粉丝团杠上了吗？

我正犹豫着，突然看见课桌上的笔，心里偷笑接下来顾良的表情。

我故意把笔掉在地上，猫着腰去捡笔的时候，伸出手在顾良的小蛮腰上狠狠掐住，新仇旧恨一起出气，看着顾良龇牙咧嘴忍住痛的表情心里暗暗高兴。只是，顾良伸出手将我的手包住，微低下头，眼神里满满的都是担心和警告，我清楚地看到顾良的嘴型。

老——师——来——了！

顾良的口型很夸张，我懂得后果，慌张地挣脱顾良的手，捡起地上的笔，从地上爬起来，整个动作一气呵成。

老师站在课桌旁，一脸怒气冲冲，她严肃地说："赵渺渺，你看什么，不喜欢听课可以出去，躲在桌子下干什么？"

我委屈地摊开手心，说："我在捡笔。"

"捡笔？捡笔需要那么长的时间吗？"

"肖老师，赵渺渺真的在捡笔。"顾良开口了，一脸真诚，我怀疑他是不是习惯了。

老师哼了声转身走了，我拍拍惊魂未定的胸脯，感激地朝顾良望去。顾良冲我一笑，我刚刚想到手心的温度，不自觉红了脸。

最后一门化学成绩出来的时候，我加了加总分，567。我用胳膊碰碰顾良的胳膊肘问他多少分。

"570，你呢？"

"我567，差三分。"我皱着眉，一脸苦恼。

顾良伸出手摸摸我的头，笑着说："下次努力啊，赵渺渺。"

我感觉呼吸有点儿急促，只是头上的温柔告诉我这不是梦，顾良浅笑的脸告诉我这不是梦，我下意识躲开顾良的手，煞风景地说，"今天班会换座位你知道吧？"

顾良尴尬地缩回手，点点头。

气氛由刚刚的暧昧变得有点儿冷，我们故作轻松地各忙各的事，只是听到顾良用很小的声音说，难道真的这么不喜欢和我当同桌啊。

6

换了座位后的日子变得很平静，没有大神斗嘴，更没有妞儿们的骚扰，只是感觉心里变得很空。偶尔，在阳光爬过窗台的时候，会想起顾良。

"赵渺渺，你又走神儿了啊，你说说这是第几次上课走神儿了，英语好就这么猖狂啊，上次在黑板上让你默写，你错了五个……"

Mrs. 何啰唆得没完没了，我低下头，重重地叹气。是啊，这是第几次了呢，自从换了座位后，第几次想起顾良了？

"叮叮……"下课铃卖力地响起来，Mrs. 何重重地扔下黑板擦，丢下一句"赵渺渺，你好自为之"后离开教室。

我把手放进口袋，眼睛无焦距地盯着面前的书，Mrs. 何无意伤害，是自己太不专心了。

突然，书上出现了一张纸条，我伸出手，打开纸条，熟悉的字眼映入眼帘，是顾良的字——"心情不好吧，转过头吧，我杯子里是刚刚打的纯净水，你不是最爱看我出丑的吗？"

我转过头，顾良正拿着水杯望向我，见我回过头来，冲我摇摇水杯里的水。我笑着看他，他深吸一口气，鼓足勇气把水杯凑到嘴边，皱着比水草还纠结的眉头，痛苦地喝下一大口，然后举起水杯，无奈地冲我笑笑。

不知道为什么，看着顾良艰难地喝着水，我有点儿想哭。怎么说呢，平时习惯针锋相对的两个人，一下子变得温柔起来，是有点儿不习惯吧，但更多的还是感动。

我向他扬起更大的弧度，告诉他不要担心。转过头，却看见手中的纸条上还有几行字——

"其实，我更想告诉你，我喜欢你。"

"如果，你的心意没变的话，转过头来，我就知道，你的心意没变。我会选择在适当的时候，牵你的手。"

眼泪滴在纸条上，晕染一片。我小心地收好纸条，我相信你，同时，我也相信自己。

　　但是，好像有种坑爹的感觉，就这样，把自己的心意给卖了？

7

　　咖啡，咖啡，咖啡，陪伴我无数个日日夜夜。

　　一模，二模，三模，举步维艰。

　　终于，高考汹涌而来，潇洒而走。

　　高考结束的那天下午，班主任通知大家在班级举行最后一次告别仪式。

　　大家眼睛红红的，眼神里流露得更多的是离别和不舍。大家小声地告别，不敢打扰这片刻的宁静。从此就要各奔东西，这些年的时光是青春，而时间的沉淀难以诉说。

　　我抬头寻找顾良的身影，他在角落里漫不经心地拨弄吉他，很想走上去，只是该说些什么呢？

　　班长的调侃一如既往的幽默，林夕挽着我，附在我耳边小声地说："班长还是很幽默嘛。"

　　夜幕降临，班长竟然拿出一袋蜡烛，在班级的中央摆出一个心形。同学们起哄，说好浪漫。班长站在蜡烛中间，一副神秘兮兮的模样，"今天有人要告白哦。"大家唏嘘，看着班主任，班主任耸耸肩，表示毫不介意，竟一副看好戏的模样。这一刻，哪里还有什么离别压抑的气氛。

我的心一紧，想：对，这么浪漫，等第一个人上去告白完后，我就冲上去当第二个，要是顾良不愿意，就换我问候他祖宗十八代。

只是，第一个人，是顾良。

顾良坐在蜡烛中央，清清嗓子压下掌声，好听的声音从话筒里传来。

"我想向喜欢了四年的女生送上一首歌，她就像这首歌一样。"

说完后，他用手拨弄吉他，缓缓唱来：

三月的烟雨

飘摇的南方

你坐在你空空的米店

一手拿着苹果

一手拿着命运

在寻找你自己的香

窗外的人们

匆匆忙忙

把眼光丢在潮湿的路上

你的舞步

划过空空的房间

时光就变成了烟

……

　　顾良的眼光向我投来，暖色的烛光衬得他眼睛晶亮晶亮的。我看着班级中央的大男生，脑海里回想起很多的画面，第一次僵硬地向顾良打招呼，第一次剑拔弩张地与他对峙，顾良痛苦地喝水，漫不经心地扬起眉毛……无数无数个顾良汇集成眼前这个拨弄吉他唱着温暖情歌的大男生。

8

　　在人来人往的江天广场，穿着宝蓝色长裙的女生正着急地张望四方，英俊阳光的男生在背后伸手拍拍女生的头，笑容肆意。

　　女生回过头看，笑意也从眼中哗啦哗啦地绽放出来，女生后退一步，举起手中的信封，微弯身子说："顾良同学，我喜欢你很久啦。"

　　男生接过女生的情书，轻轻拍打女生的头说："你还说呢，高考成绩竟然差了十分，快请我去吃冰。"

　　女生挤挤眉说："你明明不爱吃冰的。"

　　"那是我迁就你。"

　　"哈，还是这么欠扁啊，看我不收拾你。"女生说完后，毫无形象地向男生挥拳。

　　不知道是哪个小贩手中的气球没抓好，五颜六色地冲上了天，就像幸福的颜色。

　　是，只要你坚信你拥有幸福，它就会到来。假若你没感受到，请不要放弃，也许，它正在拐弯呢。

陪梁笑笑度过漫长岁月

左 海

1

我叫梁艾嘉，今年十八岁，高三快毕业了。

我不是特别漂亮出挑的那种女生，不会花很多很多时间打扮自己，不会站在衣橱前为挑一条完美的裙子而一筹莫展。我喜欢白色的款式简单的衣服，留着特别好打理的短发，课间时间不聊八卦，顶多趴在阳台边上看那些枝繁叶茂的大树。

当然了，也会有男孩子写情书给我，字迹努力地保持工整，话语里有青春期的少年特有的单纯可爱。其实，被人喜欢是一件特别美好的事情，我也像所有情窦初开的女孩子一样，想在一点一点流逝的高中岁月里，邂逅一段美好的感情。

看完情书以后，我会去和男孩子见面，可是我说的第一句话从来不是"我答应和你在一起"，而是"其实，我还有一个弟弟"。男孩子几乎都会困惑地皱皱眉头问我："这有什么关系？"于是，我就会带他去见我最疼爱的弟弟。每个男孩子看到我弟弟之后，先是主动上前介绍自己，然后再过那么几分钟，他们就会借口有事离开，或者直接转身落荒而逃。

每当这个时候，我就会微笑着朝弟弟走过去，温柔地抱住他，摸摸他柔软的小脑袋说："笑笑你看，每一个喜欢嘉嘉的男孩子都不喜欢笑笑，他们真是太可恶了，嘉嘉也不会喜欢他们了。"

我的弟弟叫梁笑笑，今年十岁了，可从来没有上过一天学。他两岁时被诊断为孤独症，当医生告诉我们这个残酷的消息时，妈妈当场哭晕过去，爸爸绝望地坐在沙发上静静地点燃一支烟。唯独我走到笑笑的婴儿床边，轻轻地碰了碰他稚嫩的红嘟嘟的小手说："梁笑笑你好，我叫梁艾嘉，我是你的姐姐。"

笑笑和其他小孩子一样，在一岁左右学会走路。可是他从来不和家人互动，连眼神都避免接触。原本应该开口说话的年纪，他却不愿与任何人亲近，甚至不会发出简单的"嗯，啊，哦"这样的字音。尽管如此，我却从来不讨厌他，反倒更加疼惜。我和他说话，和他一起玩游戏，甚至一起蹲在角落里发呆。笑笑从来不理我，我却一点儿也不难过不生气。

笑笑六岁那年，我已经念初中了。有一天，爸爸妈妈出门在外，把我放在家里照顾他。笑笑如往常一样待在卧室里，他有属于自己的世界，我知道这个时候是不可以随便打扰他的。

我躺在客厅的沙发上看动漫电影，昏昏欲睡，不一会儿就伴随着动漫电影的背景音乐做起了美梦。大概过了半个钟头，我竟然在梦里意识到笑笑一个人待在卧室，然后猛地一下从沙发上坐起。令我惊讶的是，笑笑就站在我的面前，歪着脑袋面无表情地看着我衣服上的图案，好像在看一样属于他那个世界的东西。

我宠溺地碰了碰笑笑的小脸，他慢慢转过身朝卧室走去，途中停下来扭头看了我一眼，我猜他是在邀请我去参观他的卧室。

卧室的地板上七零八落地布满了纸张和彩笔，原本洁白的墙壁被涂得五颜六色。那些简单俏皮的线条歪歪扭扭地相互触碰融合，大块大块的色彩像彩虹一样散布。我惊喜地触摸着那面无比珍贵的墙壁，低头对坐在地上捡彩笔的笑笑说："笑笑真了不起，姐姐长大了挣好多好多钱，给笑笑开个人展好不好？"

笑笑抬了一下头，又继续低头沉浸到自己的世界里。我知道他一定是想点点头说好，只是，他是个特别害羞的小男生。

2

初三那年，学校为了在中考中取得更优异的成绩，把晚自习的时间延长到晚上九点。为此我感到特别难过，因为随着年龄增长，笑笑的病情有所改善，开始对周围更多的事物感兴趣，而且还偶尔和家人互动，这已经是非常大的进步了。每天晚上回到家，我都累得精疲力竭，简单洗漱后倒头就睡，根本没时间去笑笑的卧室里看一看他。

学校已经取消了体育、美术、音乐等课程，课程表上密密麻麻地被语数外理化填满，一张试卷刚刚做到一半，就有老师拿了新的试卷来。其实每张试卷中间都有好多题目是重复的，或者仅仅只是变换了一下形式，真不知道做这么多题到底有什么用。每当到了下午，我就感觉身体里的能量已经全部消耗殆尽，晚自习眼皮总打架，心情特别郁闷烦躁。

有一天回到家已经累得够呛，刚刚躺到床上就听见从笑笑的卧室里传来砸东西的声音。一开始我不以为然，心里想着他闹一闹就会安静下来，可是时间一分一秒地流逝，笑笑根本没有停下来的意思。压抑了一整天的情绪终于爆发，我气冲冲地扭开笑笑卧室的房门，看见他把屋里的东西砸得乱七八糟。

"梁笑笑，你到底有完没完！姐姐累坏了要休息你知道吗！一天到晚闹腾，你到底是想干吗！"我几乎是咆哮着说完这句话的。

　　笑笑垂着头不看我，慢慢地站起来，又缓缓地蹲坐在地板上，手指张开划来划去。我就这样喘着粗气看着他无声的表演，渐渐地恢复平静。我知道我做了一件特别错误的事情，我不仅不能正确地理解他的世界，相反的，还对他的世界表示厌恶，我真的不是一个好姐姐。

　　我一点一点地靠过去，和笑笑一样蹲坐在地板上。我笑着说："笑笑，对不起，姐姐不该发那么大的脾气，原谅姐姐好不好？"

　　笑笑站起身，脱下鞋子安安静静地躺在床上，侧身面向墙壁。我听到他轻轻的平缓的呼吸，我知道他已经原谅我了。

　　中考过后，我以还算不错的成绩升入重点高中。那所高中是寄宿制学校，每一个学生不论家离学校是远是近，都必须在学校住宿，只能在礼拜天回家休息。

　　开学那天，爸爸妈妈帮我提行李到学校，笑笑也跟着来了。整理好宿舍之后，马上就要召开班级大会，所有亲属必须马上离开学校。

　　爸爸妈妈叮嘱了几句准备离开。这个时候，笑笑走到我身旁用手指戳了戳我的小腿，我低头看着他圆圆的头顶。他依旧还是不喜欢和任何人有眼神的接触，但是我听到他小小的声音了。

笑笑很认真很缓慢地从嘴巴里说出两个相同的字："嘉，嘉。"然后，他径直朝前走，跟在了爸爸妈妈后面。

我看着笑笑越变越小的背影，欣慰地笑了。这个可爱的小家伙，他是在跟我说再见呢。虽然他没大没小地叫我嘉嘉，而不是姐姐。但是那有什么关系，他已经开始把我当成他那个世界的一个好朋友了。

3

十岁的笑笑依旧喜欢自己玩自己的，他偶尔会不经意地喊一声"嘉嘉"，虽然他不抬眼看我，依旧摆弄着自己手里的玩意儿，但我还是会特别开心地说："嘉嘉在这儿。"

笑笑似乎很有画画方面的天赋，他画蹲在马桶上撑伞的青蛙，脑袋套在金鱼缸里的无脸男，飞在天空里尿尿的大肥猪，蜷缩着流出彩虹色眼泪的小小少年。他慢慢地愿意和我分享他的作品，他并不是当面把那些美好的图画递给我看，而是在我睡着的时候，从门缝底下塞进我的卧室里来。

我总会竖起大拇指夸赞他说："笑笑长大了一定是个大画家，嘉嘉以后一定要给笑笑办一个大大的个人展。"

他依然会把头埋得很低很低，但是我觉得他是开心的。

已经是春末夏初的季节了，香樟树开始疯狂地生长，距离高考也越来越近。我却在这个时候遇到了一个很特别的男孩子。之所以说他特别，是因为他不仅知道我有一个很特别的弟弟，还觉得他很可爱，而不是像其他人一样觉得我弟弟很奇怪，是个怪胎。

他叫周森，是理科班的奇才，数理化可以拿满分的那种。他戴着一副黑框眼镜，留着一头细碎的短发，穿校服的样子特别好看，完全就是电视剧里邻家男孩的类型。

他说："梁艾嘉，你一定不能因为有人不喜欢你的弟弟就感到难过，你要知道每个人都有每个人的选择，喜欢或者不喜欢都是一个人应有的权利，你没办法左右的。但是，你总会遇到喜欢他的人，比如我。"

我说："无论你怎么喜欢笑笑都没用，因为笑笑最喜欢的那个人是我。"

"我也很喜欢你呀。"周森无辜地眨了眨眼睛。

"可是比起你，我更喜欢笑笑。"我嘴上这么说，心里却觉得特别幸福。

有一个礼拜天的晚上，周森送我回家。在楼下我正和周森说些道别的话，这时，楼上掉下来一个啤酒瓶盖，我和周森一齐抬头，看见笑笑蹲在客厅外面的阳台上，两只手抓着护栏，小脑袋卡在两根护栏中间。他就那样静静地看着楼下的某个地方，没有表情也不说话。

周森微笑着朝上挥挥手说："嗨，笑笑你好，我是你姐姐的好朋友，我叫周森，很高兴见到你。"

笑笑抬头往上看了看那轮圆圆的月亮，然后站起身来朝客厅里面走去。

我拍拍周森说："谢谢你没有觉得我弟弟是个奇怪的小孩儿。"

周森耸耸肩道："他只是有属于自己的另外一个世界，等他在那个地方待够了待烦了就会回来啦。"

我很感谢周森能说出这样的话，吸了吸鼻子说："时间不早了，你赶紧回家去吧。"

回到家里，笑笑正坐在沙发上玩自己的脚趾头，我走过去和他坐在一起，也和他一样数着自己的脚趾头，抚摸每个脚趾头骨节处那个小小的凸起。虽然他可能无法理解，但是我想告诉他的是，姐姐永远会在他的世界里陪着他，直到老去。

4

临近高考，学校破天荒地给整个高三年级放了两天假，当作奔赴"战场"前的最后调整。所有同学都像捡到宝似的，开始三三两两地约起来，准备在即将到来的大战之前痛快地狂欢一下。

周森想让我和他从小玩到大的好友见一见，一起吃个午饭认识一下。到了应约时间我正要出门，本来要留在家里照看笑笑的爸爸临时有急事也要出去，他只好把笑笑托付给我，并千叮咛万嘱咐一定要照顾好他。周森能约到那些不同学校的好友实在不容易，我不好意思扫他的兴，于是决定带笑笑一起去，反正他可以自己玩自己的，应该没什么问题。

我牵着笑笑的手在服务员的带领下往包间走去，笑笑眼睛垂得有点儿低，看着地上铺的那条长长的红毯，手指会不自觉地在我的手心里用力地按一下。他虽然不和我沟通，不太能表达自己的情绪，但是我看得出来他需要我，因为他还不能适应一个全新的陌生的环境。

包间的门被推开了，周森站起来看到我开心地笑了，再看到我身旁的笑笑，脸上的笑容突然间凝固了。他疾步走到我身边小声说："你怎么把笑笑带过来了，等会出了什么事可怎么办？"

"没事的，我会照看好他的。"我很感动，因为我以为周森是在担心笑笑。

席间，周森向我一一介绍他的朋友，有男生也有女生，我很羡慕他有这么多从小玩到大的朋友。在我很小的时候，我就喜欢在家里陪笑笑，等到我突然意识到我也需要朋友的时候，我发现没什么人愿意做我的朋友。因为当我邀请他们来家里做客以后，他们下次见到我都会离我远远的。在他们眼里，我有一个奇怪的家庭和一个奇怪的弟弟。久而久之，笑笑不仅是我心爱的弟弟，也成了我最好的朋友。

周森的朋友正向我揭露周森小时候做过的糗事，笑笑突然躺在沙发上大喊大叫起来，两只小脚用力地蹬来蹬去。我赶紧跑过去抱住他，他在我怀里用力地挣扎，过了好久他的叫声才慢慢地变成了小声地呜咽。

周森的朋友无一不用惊诧的眼光看着我和笑笑，周森也眉头紧蹙，他在餐桌另一端站了三四分钟才缓缓走过来，蹲到我身边拍拍我的背说："好了好了没事了。"然后他转身对他的朋友们说："我看今天就散了吧，咱们高考后再联系。"

太阳火辣辣地炙烤着地面，我牵着笑笑，周森走在我另一边，我们在午后的大街上漫无目的地朝前走，谁也不说话。我偷瞄了周森一眼，他的表情冷冰冰的，好像对于刚才发生的事情有点儿生气。

"刚才的事情对不起，让你觉得很丢脸吧。"我犹豫了好久才跟周森说话。

周森没有看我，眼睛直视前方说："没有。"

"没有就好。"我突然有了一个很好的提议，"天气这么热，不如我们去看电影吧。"

周森这才停下脚步，指了指我身旁的笑笑说："还要带着他吗？"

我说："总不能把他一个人放在家里吧。"

周森说："那他等会儿又在电影院里大闹一场怎么办！"

我被周森的语气吓到了，我说："你用不着这么激动吧。"

"你叫我怎么不激动，原本今天我只想和你和朋友好好地待在一起，你却把他带出来。他要是乖就算了，可是你看看他刚刚那个样子……唉。"

我很难过，原来周森还是觉得这件事情让他在朋友面前很没面子。我更难过的是，我突然不认识眼前这个周森了，我不知道以前那个周森和现在这个周森，哪一个才是真实的。

雪上加霜的事情发生了，笑笑突然蹲在地上，双手捂住耳朵一边摇头晃脑一边大声地尖叫起来。周围好多人都像被施了定身咒一样停下脚步，然后转过头来看向这边。人群里开始议论起来，当我听到"有病""傻子"这样的词后，我蹲下来把笑笑的脑袋抱在怀里。

"笑笑乖，笑笑别怕，嘉嘉在这里，嘉嘉保护你。"我不停地重复这些话，我不可以让笑笑听到人群里传来的那些无比恶毒的话，我更不能让他看到人群里那些可怕的眼神。

我抬了抬头，几乎是用求助的眼光看着周森的，他站在离我半米不到的地方，情绪复杂地看着我，然后脚步一步步往后移，最后转过身往人群深处走去。我绝望地看着他消失的背影，眼泪像断了线的珠子一样一颗一颗地打在我护住笑笑的手臂上。

书上说，当你最需要一个人的时候，他选择了自己的周全，远远地避开你，那么你就会最深刻地体会到值得不值得。

5

回到学校再一次碰到周森的时候，我们不约而同地选择了擦肩而过。其实我很想告诉他，最后的我们没有说分开却已经不在一起了，我从来不怪你，青春里的很多事情都是可以被原谅的，青春里的很多感情也都是会无疾而终的，就像这无疾而终的青春本身。

高考过后，我的成绩下来了，可以选择一所非常不错的一本大学。暑假过得很快，终于到了要和家人道别的时刻。火车站里人山人海，有很多像我一样的孩子背着书包提着行李箱，我们终将要背井离乡去别的地方看一看。

爸爸妈妈还是那么唠叨，要我注意安全，不要减什么肥，和室友和睦相处，等等，等等。笑笑站在一边，看着密集的人群，轻轻地眨眼睛。我蹲下来的时候才发现，笑笑已经长高了长大了，我要微微往上抬一点点头才能看见他的整张脸。我抱住他，在他耳边小声说："笑笑要好好的，听爸爸妈妈的话。嘉嘉一定会更努力地学习，以后帮笑笑办个人展。"

上了火车，兜里的手机响了。是妈妈打来的，她还是那么不放心我，把刚刚叮嘱过的又重新说了一遍，要离开的时候才知道父母的唠叨那么好听。妈妈的声音突然变小了，好像是把手机拿远了一点儿。

"笑笑，你要不要跟姐姐说再见。"听筒里传来妈妈的声音，然后又变得很安静，我知道妈妈把手机放在了笑笑的耳边，因为我听到笑笑弱弱的温和的鼻息了。

"笑笑，嘉嘉要走咯。"我说完等了好久，听筒里也只有微弱的鼻息。就在我决定放弃，不再勉强笑笑说话的时候，听筒里突然有了动静。

"姐，姐。"

嘟嘟嘟嘟嘟。挂断了。

我心里正在想，笑笑终于不再叫我嘉嘉了，他知道我是他的姐姐。可是马上，我的脑袋里像过了一道电流，我突然后知后觉地明白了一件事情。其实，笑笑从来没有叫过我嘉嘉，他一直在叫我姐姐，只是他不能很好地发出那个音节。而就在刚刚，他终于成功了。我忍不住仰起头笑着哭出了声来。

梁笑笑，你要相信，你未来的路还有很长很长。你会长得很高长得很好看，你可能会变得好一点点，也可能会更糟糕。但是没关系的，姐姐会永远陪着你，把那条很长很长的路走下去，直到尽头。

年少掌心的梦话

懒虫的逆袭

汐小空

1

我觉得我上辈子一定是只懒虫。

因为我已经懒到一定境界了。只要不出门，我就绝对不会拾掇我那草棚一样的头发；能躺着就绝不坐着，能坐着就绝不站着；如果我想吃的东西距离我一个手臂之远，我就绝对不会站起身子去拿……

当然，这些只是小小的一部分，有时候甚至觉得我自己都懒成精了呢。明明家里有食物，但就是不想自己动手，于是导致连着饿了三天面黄肌瘦地去上课。

以上这些都是我活了十七年的感想，但是我从来没想到有一天，我的世界会出现天翻地覆的变化——

我的懒虫真的成精了。

望着眼前黄金身材比例的少年，他抬了抬线条勾勒完美的下巴，指着我的桌上堆积如山的作业本如是说道："今天还想着拷贝别人的作业，那就预备擦地板十遍，有一根头发就不允许睡觉，直到擦干净为止。"

"你、你是谁！"我仰着头吃惊地看着眼前的人。

在他出现的前一秒，我还在犹豫今天要不要写作业。虽然那些作业对我来说都是普遍在会与不会之间：会做的题目嫌它太简单，完全不想自己动手，不会做的题目就更加不想去动它分毫啦！

正在我预备上床安安稳稳地睡个好觉之时，眼前突然黑了一下，额头上"嘎嘣"一下吃了一个脑瓜子，"又想着去睡觉，如果有比懒大赛，你都能获得全球第一了吧！"

我还在为这个荣誉洋洋得意的时候，这家伙已经从桌子上跳了下来，一把把我从床上拽了下去，匍匐在写字台上，他说："我已经快忍受不了你了，你再这样我要离家出走！"

咦，离家出走？这家伙到底是谁！

不过对方显然知道我在想什么，他翻了翻白眼，无比嘲讽地告诉我事实的真相，"我是你的懒虫，你已经超越太多人，连懒虫都成精了。"

我的懒虫？我盯了对方帅气无比的脸半分钟，我的懒虫怎么可能这么高这么大这么美形还这么会说人话！

骗子！

我跟着他翻了个白眼："我才不信！你是不是妈妈从哪里喊来的私人家教？"

少年挤了挤眉头，似乎有点儿招架不住我的愚蠢："水明明，哪个家教深更半夜会突然出现在你面前？如果不是你今晚不想做作业，我都懒得出来。"说到最后的时候，这家伙竟然咬咬牙，似乎想把我生吞活剥。

想想对方所说的话似乎也很正确，蓦地，我抬头追问："那你叫什么名字，我的懒虫一定有很好听的名字！"

这家伙顿时开始挤眉弄眼起来，难道是我的问题太艰难了吗？

"我想……"他说道，"应该没有人会给懒虫起什么名字吧。"

"那就叫阿懒吧！"我立刻接口道。

他似乎无所谓地耸了耸肩，不过在下一秒就蹬鼻子上脸地一个下勾拳过来，"记住我刚刚的话，没有写完作业不允许睡觉！"

在把我按在写字台前后，阿懒自己一个人霸占了我的床铺，我看了一眼密密麻麻的作业题，默默地陷入了沉思。

"不要妄想今天的事只是你梦境里的一个，我不是你幻想出来的，是你真实存在的威胁。"

冷不防的，在我以为他已经睡着的时候窜出这么一句话。

如果阿懒是我的威胁，那我应该怎么去把威胁程度降低呢？

2

事实上，我虽然在为阿懒的存在而感觉威胁，可是在我有意识的时候，我才发现自己竟然趴在写字台上睡了一整夜，醒来的时候发现阿懒正举着拖鞋一脸怒视地瞪着我。

"谁让你睡觉的？"阿懒高高抬起下巴俯视着我。

眼看拖鞋就要落到我身体的某个部位，我顿时从写字台上蹿了起来，"我不是故意的！阿懒你也知道的，人的精神一旦想要进入睡眠期，我这个肉体是控制不住的啊，啊——别打我臀部啊！"

在一早上的折腾之下，我的屁股总共被拖鞋打了七下，背部三下，以及手臂五下。

此时我已经换上校服背上书包在公交车站牌下等车了——当然，以往的我绝对不可能这么早出发的，要不是在阿懒的拖鞋魔爪下，我还想再在床上睡个回笼觉呢。

到达学校的时候，整个学校空空荡荡，嘴里正埋怨阿懒督促过头，可是一跨进教室的大门的时候，我发现整个教室竟然已经有十几个同学了……明明距离上课还有一个小时……

刚一脚迈进教室大门，十几双眼睛齐刷刷地望向了我，我心虚地低下了头，赶紧跑到自己位子收拾干净书本，准备再与周公大战三百回合。岂料还没走到课桌前就被自己的鞋带给绊了一下，顷刻间原本安静的教室传来了一记闷响。

我在地板上躺了一会儿，竟然没有人来理我，等我龇牙咧嘴地爬起来的时候，发现十几个同学都已经重新进入了学习状态。

我颇为狼狈地站在原地看了一会儿大家，心底突然有了一种奇怪的感觉。

以至于等到我真正坐到课桌前收拾干净书本，摆好标准课桌睡姿时，竟然了无睡意。

这可是我人生中的第一次！

我惊悚地重新坐直身体，调整了姿势，又一次倒了下去。

还是没有睡意！

这明明是我潜心研究十七年后得出的最舒适标准的课桌睡姿！以往都可以在三分钟之内毫无障碍地入睡的！怎么偏偏今天会失灵！

我呆呆地坐在那里，眼神无意识地再次扫过那十几名同学。在我折腾睡姿的这短短几分钟里，又陆续有几个同学到了教室，他们彼此之间也并没有打招呼或是寒暄，仿佛每一分每一秒都是金子一般，坐下身便掏出书，开始聚精会神地勾画背诵重点或是做习题。

而我的教科书……我看着胳膊下方被我摆成利于睡眠高度的课本，一刹那间竟然觉得那些白纸黑字都含着怨念地望着我！

我已经忘记我是怎样抬起手打开课本的，总之等到我反应过来的时候，我已经宛若被自动操纵了一般地打开了课本和笔记本，甚至握好了笔，画下了一行重点。

咦？咦咦？等等？我在做什么！

我被课本的怨念驱动了吗？

"天哪！水明明你在做什么！"一声高分贝的惊呼打破了我与笔的僵持状态，我颤抖地抬起头，看到站在教室门口瞪大眼睛惊悚地望着我的陈百业。

他顿了几秒，大步跨过来，抓住我的肩膀晃了晃，再从上到下打量了我一番："你真的是水明明，不是披着她的皮的其他什么东西？"

"我、我是……"我被他的眼神盯得害怕，捂住脸，"我也不知道发生了什么……"

陈百业皱着眉头，像是看到什么怪物一般看了我半天，突然笑了出来："其实我挺高兴你终于有一次能这么早来学校的。"

"欸？"我不明所以地看向他。

"一直以来你都是一副如果不是被逼，可能懒得连学都不愿意来上的样子。虽然我一直没有明说，但是作为你的好朋友，我可能和你的爸爸妈妈都有一样的心态。"陈百业笑了笑，"希望你有一天能够明白，懒是可以被克服的。"

"……"我怔怔地看着他，说不出来话。

"虽然不知道为什么你今天这么早就来学校，但是姑且看作你迈开克服自己的第一步吧。"陈百业拉开凳子坐下，整理好课本，不再理我。

我默默地坐在那里，望着他的背影发呆。

他穿着深色的校服的背影在我的一瞬间的幻想中慢慢

拉远，仿佛一场我站在原地的马拉松，他越行越远，甚至没有回头，最后消失在我的视线当中。

不仅仅是他，还有其他更多的朋友们，同学们，曾经一起并肩走过的那些人，都一个个地消失了。

我站在原地。

当人们坐在不动的火车上，身侧的火车开动疾驰的时候，总会觉得自己在倒退。

我并不是站在原地，而是他们还在他们的原地，而我在一步步后退。

我被自己的这种想法吓出了一身冷汗，整整一天都处于"反水明明"的状态中，不仅上课没有打瞌睡，还巨细无遗地记下了所有课的笔记。

3

阿懒拎着拖鞋守在门口的时候，我第一反应是落荒而逃，才跑两步就被他拎着领子拉了回来："今天是不是又偷懒了？上课没有记笔记下课还睡觉？"

一提到这个，我不知道为什么突然变得特别有底气，一下子挺起了胸脯："哼，我告诉你阿懒，我今天可是开启了我人生的新篇章呢！"

　　阿懒不知道什么时候已经开启懒虫无影手，从我的书包里摸出课本，几乎不用翻就直接到了今天所学的那一课——因为全书都是新的，唯一的折痕和笔记都在那一页。

　　他居高临下地扫视了一遍我的课本，又顺势翻开了我的笔记本。

　　我正要阻止，却发现来不及了。

　　我的笔记本上不仅有着今天的笔记，更有我今天乱七八糟画下的呓语。

　　"不知道阿懒有没有好好待在家里，会不会被妈妈发现，不过说起来反正他也是妖怪。啊，真是苦恼，到底为什么我的懒虫会成精！"

　　"陈百业那个混蛋其实说得蛮有道理的，唉，不行我怎么能被他说服！"

　　"难道从此以后我就要因为阿懒每天早上都这么早来学校了吗？这不科学！我要把他赶走！"

　　……

　　我心惊胆战地看着上面的字，生怕阿懒生气，谁知他看着看着竟然变得面带笑容，最后带着心满意足的表情合上了本子。我莫名其妙地看着他，阿懒露出了一个温柔的笑容："才一天就有了这样的觉悟了，很不错。"

阿懒随即闪开身子，我这才看到他身后的小餐厅的桌子上丰盛的晚餐。

"咦，妈妈今天心情这么好吗？"我好奇道。

"是我做的。"阿懒咧嘴一笑，"你的爸爸妈妈今天有事双双出差，给你留了一张小纸条。原文是什么不重要，重要的是接下来的两周我们都要愉快地共度了呢！"

我哆哆嗦嗦地后退一步，再看向桌子上饕餮盛宴的时候眼神已经彻底变了："阿懒你没有下毒吗？或者……我为了能吃到饭，要付出什么代价吗？"

"下毒自然是没有，如果明明死掉了，我也会跟着彻底消失。"阿懒的笑容变得又阳光又诡异，"至于代价嘛……自然是接下来每天都像今天这样，勤学奋进咯。反之的话，我不仅不会再做饭，还会每天都负责把冰箱吃光光哦。"

我撇着嘴看了他半天，确定他是认真的了以后，权衡半天，终于发现自己其实并无其他选择，饭菜的香气最终还是让我没骨气地一屁股坐了下去，嘴里还狡辩："哼，反正不管怎么样都要听你的，不吃白不吃！"

"明明知道就好。"阿懒满意地点点头，给我夹了一筷子菜，笑得简直像是慈祥的阿婆，那种笑容挂在他那张英俊的脸上，活生生的一股违和感。

饭后，阿懒递给我了一张纸。

"这是什么？"我疑惑地接了过来，念出了开头："水明明变学霸计划终极版?！"

"没错，为了督促你，我呕心沥血地为你量身定做了这份计划。"阿懒点着纸上的内容，居高临下地看着我，"明天的任务除了像今天一样认真之外，你还要混进你的好朋友陈百业的学习小组。"

什么？陈百业为什么会有什么学习小组？而且阿懒为什么会知道我有个好朋友叫陈百业！

显然是看出了我眼中的惊吓和疑惑，阿懒不等我发问就回答道："看到了吗水明明，你自以为的好朋友其实你自己一点儿都不了解，对方可是为了未来在每分每秒地努力着，而你早已被遗落在了他们的背后。如果真的不努力，以后说不定真的就没有共同话题、不在一个世界了哦。"他顿了顿，又自鸣得意一般补充道，"至于我为什么会知道陈百业，哼哼，明明的一切我可都是无所不知哦，谁让我是伟大的懒虫之神。"

我打了个冷战，几乎是被洗脑一般接受了阿懒的想法，一路小跑地抱着书去K了。

4

　　和前几日一样，我被懒虫的拖鞋底大法打得大清早就跑来了学校。班级的学习先驱队似乎也已经习惯了我的存在，不同于前几天的漠视，居然也开始有人从书堆里抬起头，冲我笑一笑，而那个笑容中，依稀带了一些……认同感？

　　"明明今天也这么早啊。"陈百业活力十足的声音传来，他几步跨过来，拍了拍我的肩膀，就准备回他的座位去。

　　我脑中骤然浮现阿懒的任务清单，眼疾手快地扯住了他："等等！"

　　"怎么了？"陈百业停下脚步。

　　"那个……那个……"我眨巴半天眼睛，才吞吞吐吐地说道，"这几天我发现我有好多知识都不太会，上课也不是完全能跟得上，百业你能不能稍微帮帮我？"

　　"没问题啊，只要我也会的，当然没问题。"陈百业拉了一把凳子过来，坐在我旁边，"说吧，都有哪些？"

　　我翻出昨晚特意勾出的在我看起来超级难的题目给他看，心想若是他也不会，肯定要去求教他的学习小组成员，这样我就可以乘机打入内部了！

我正沉浸在我的幻想里，陈百业已经抄起一支笔，刷拉拉地在演算纸上飞舞了起来。不一会儿就圈出了正确答案。

我回过神来以后已经被吓了一跳，翻到第三页的演算纸上密密麻麻的验算过程清晰而流畅，陈百业看我注视着他运作的笔尖，微微笑了一下："稍等，马上就有答案了……OK，搞定。"

他把演算纸翻回第一页，重新递给了我："你先看一遍过程，如果这个其中有什么地方不会，再来具体问我。我先回座位啦。"

我连谢谢都忘了说，呆呆地望着他离去的背影，再将视线移回手里的草稿纸上。

为什么他都会！

明明我觉得困难无比的题目，为什么到了他的手下就像是变戏法一样，答案一下子就出现了！

我深呼吸了几下，终于开始人生之中第一次正视"学习"这两个字。

虽说这一切的起源都是因为阿懒莫名其妙地出现，但是这几天发生的事情，足以刺激到我。我仿佛在一夕之间看到了许多以前被自己忽略、甚至一点儿都没有去思考过的现象和问题。而思考的这个过程突然之间并不让我觉得头疼或者烦躁。

换句话说，我似乎……不那么懒了。

有了这个新发现以后，我只觉得喜忧参半。然而当我垂头丧气若有所思地回到家后，却发现自己的这一腔思考在见到阿懒的一刹那都飞到了九霄云外！

"阿懒！你怎么了！"我一个箭步冲了过去，

阿懒明显瘦了一圈，下巴更尖了，精致苍白的小脸上还有一点儿不太正常的红晕。他无精打采地倒在沙发上，听到我的声音以后竟然吃力地抬起手，指了指桌子上，气若游丝道："明明……饭在桌子上……"

"饭你个大头！"我又急又气，眼泪几乎要夺眶而出，"这个样子还去做饭！你是不是煤气中毒了！是不是吃了不该吃的东西！你到底怎么了！"

"我……感受到了明明热情的努力……"阿懒明明很痛苦的样子，竟然还挤出了一个看上去很享受的笑容，"就让明明的热情融化我吧……啊……"

我突然意识到了一个问题。

是不是我真的变勤奋，真的不那么懒了以后，阿懒就会消失呢。

我看着阿懒的笑脸，却再也笑不出来了。

明明我的愿望就是希望他消失，如今终于快要愿望达成，我却突然有了一丝退缩。

安顿好阿懒睡觉，就在脑中这么挣扎乱想的时候，我猛地回过神来，却发现自己竟然一边发呆一边自动做完了一章历史选择题！

我愣了愣，看了看握在右手的笔，再望向阿懒的房门。

阿懒，难道这才是你的愿望吗？

5

毫无意外地，在这几天相处中我竟然开始依赖阿懒了。所以当我把我要放弃学习放弃努力放弃勤奋想法告诉阿懒的时候，阿懒瞪着病快快的眼珠子一副无法置信的样子。

随后下一秒，这家伙竟然一声不吭掀开了被子要下床。

我急得跳了起来："你到底要干什么！"

结果阿懒头都不回一下，磕磕绊绊地往前走了几步："我来这里的时候似乎什么都没带来吧？"

他气游若丝，我一听立刻跑上前："你要做什么，你不是因为我的努力、我的刻苦而变得虚弱吗，我不想要你死，所以我全部都放弃，恢复到之前的样子！难道这样也不能拯救你吗！"

"谁要你的拯救！"阿懒一下子甩开我的手，眼眸里透露着些许冷淡，"我虽然是你精神上支配出来的，可是我的梦想却是变成勤奋之人，而不是被称作为阿懒的我！"

果然连阿懒都讨厌懒散的我。

如果是这样的话，我还有什么理由……什么理由再往前走？

"水明明，如果你真的想要拯救我，不如更加更加地努力，给我一个解脱，这也是我期望的。"阿懒闭了闭眼睛，苍白的脸上没有一丝血丝。

我咽了咽口水，"可是你……"

"我可是懒虫，"阿懒截下我的话淡然道，"继续让我活得逍遥自在才是最错误的吧？"

我明知道阿懒说的是正确的，可是内心的澎湃竟愈发压抑不住。就像一直生存我身边的布娃娃，有一天别人告诉这只布娃娃破损得无以复加，我都舍不得丢弃。

因为依赖，因为习惯。

被阿懒催促上学督促学习，从被动化为主动的这一系列过程中，已经习惯了阿懒的存在，而他这次选择消失……我又怎么……怎么肯。

"我梦想中的水明明是一个无敌学霸，不参加高考就有十几所名牌大学等着提前录取。能在短时间内解出各种难题，是男生心目中的高冷女神，是学渣崇拜的对象——而不是现在想着要退缩来增加我的寿命——你明知道，不行不能不可以，我只是一条懒成精的懒虫。"阿懒的笑容带着凄凉。

我吸了吸鼻子，深深吸了一口气："阿懒，我愿意成为如你所梦想的人，所以你……你还会来看我的吧？"

即使是骗我，也一定不要拒绝我。

阿懒你，你可是我生命中的一个转折点，我一点儿都不希望你消失。

一点儿都不。

阿懒翻了一个白眼给我："当然。"

如果这是真的就好了。

在未来的一年，我还是能想到那天阿懒在我面前逐渐变得透明的身体，以及他微微上扬的嘴角。而这一年，我所做的一切都如阿懒心目中所想，成了全年级的学霸，学渣心目中的崇拜对象，和曾经教我题目的陈百业一并探讨题目，加入了他的学习小组……

只是我心目中偶尔还会想起消失的阿懒，他答应过我会来看我的，但是已经过去一年了。

他什么时候来？

还会不会来？

树荫下透出的阳光带了些许刺眼，我压着被风吹走的数学作业题，抬头的刹那看到不远处一个逆光向我走来的少年。

啊，是阿懒。

"水明明，如你所愿，我来看你了。并且我已经从懒虫变成了勤奋之人。"他蹲下身帮我拾起散落的试卷。

啊原来我的勤奋，竟然让阿懒进化了。

可是阿懒，谢谢你，真的，如果再选择的话我还是希望你能出现在一年前的那个时间，成为我的一个转折点。

唐小诗的放大镜

夏 伤

1

唐小诗最近变得神神道道的，整天戴着一副褐色的大框眼镜，盖住了她那张不大的脸的三分之一，行为诡异地穿梭在校园的各大娱乐场所。例如：某场晚会的排练现场。

中午最热的时段，同学们成群成群地去了食堂，偌大的排练场上，寥寥几个学生却依旧在重复练习着一幕幕简单的场景。这时，唐小诗从斜挎着的包包里掏出了她的终极武器——放大镜。

站在靠窗的位置，唐小诗逆着光，笔直地伸长了胳膊，微微眯着眼，认真观察着放大镜对面的男生。他叫陆斯图，在放大镜里呈一个倒立缩小的实像，暂时没有发现异变。

据说他是表演8班的阳光男神，标准表情是微笑，夸张表情是奸笑，常用表情是似笑非笑，整体来看，是个长相十分气质八分的青春期美少年。

但唐小诗不这么认为，她第一次见到陆斯图，就觉得他浑身上下没一处对劲，可细细分析，又找不出来究竟是哪里不对劲。

所以，作为名侦探柯南忠实粉丝的她，毅然地决定，要把那个家伙不为人知的一面从放大镜里找出来，公之于世。

无奈地收起放大镜，唐小诗摸着很不给面子"咕咕"叫个不停的肚子，打算赶去食堂，希望还能见到一些"剩菜残羹"。

身后，一个还算熟悉的声音牵制了唐小诗的步伐，他说："唐小诗，你搞生物研究吗？天天带着个放大镜不觉得很奇怪吗？"

是的，如果我搞生物研究，那你就是放大镜下那一枚生物。唐小诗当然没说这些，她微微侧头，用余光看了一眼陆斯图，兴致高昂地说："我喜欢。"

陆斯图笑得几乎岔气，这女生该不会真的脑袋被门挤了吧？唐小诗大步流星地朝着外面走去，心里却开始怦怦地跳个没完。

2

某场晚会在一个星期后顺利举办了，并且取得了不错的反响，陆斯图唱的是当红男星组合One Direction的《What Makes You Beautiful》，因为是一个人演唱的关系，虽不及One Direction的那般声势宏大，但音调还算是模仿到极致的，那眼神，那表情，那声音，将整场晚会推向了高潮，迷倒了在场一大片的少女。

唐小诗看着陆斯图从后场低调地走了出来，脸上的淡妆还在，身上的那一套小西服也换成了宽松的运动服，径直朝自己身后站着的一棵不知名的树走了过来。

月光正好打在陆斯图的脸上，唐小诗适时地掏出放大镜对准了他。在放大镜里，陆斯图的脸被无限放大，然后好像有一丝的东西划过，唐小诗还未看清，它便消失不见了。

"唐小诗，你疯了吗？"陆斯图故意摆出一副生气的模样，推开了距离自己脸很近的放大镜，他的脸上天生有一些细小的痘痘，如果不认真地看是不会发现的。可唐小诗拿着放大镜对着自己的脸，明显是对他的一种侮辱，起码他当时是这么想的。

唐小诗没来得及顾虑这些，只是安静地说了一句"别动"，陆斯图便真的被这个女生镇住了，一动不动地站在那儿，任由拿着放大镜的唐小诗再次把放大镜摆在了自己的脸上。几分钟后，唐小诗得出了一个结论，陆斯图，你有病，还病得不轻。

　　陆斯图额头上划过一排黑线，拉着唐小诗慢慢地走在校园里，嘴里嘀咕着："唐小诗，你别整天神经兮兮的，虽然我认识你也两年了，但有时也会怕的。"

　　"你怕什么？"唐小诗拨弄着手里的放大镜，对身边的男生无视自己刚得出的结论很是不高兴。

　　"怕医院突然出个结果，说你患有精神病啊。"陆斯图认真地说，唐小诗只是朝着夜空翻了个白眼，快走到校门口的时候，唐小诗恍然大悟道："对了，你今天找我干吗？"

　　"哦——"陆斯图拖长了音，笑靥如花，"恭喜你，摄影作品得了一等奖。"

3

　　放大镜不能放大的东西是什么？

　　唐小诗一想到这个问题后就问了同桌，同桌说，放大镜不能放大放大镜；接着是好朋友米拉说，放大镜不能放大缩小镜；最后是陆斯图，他说："你是猪啊？放大镜其实什么东西都不能放大，它只是给了我们一个假象。"

这些回答，唐小诗统统不满意，于是她百度了一个答案，放大镜不能放大的是角度。对于这个回答，碍于权威的网络，唐小诗似懂非懂地勉强接受了。

角度的关系吗？那幅得了一等奖的摄影作品被唐小诗仔细地端详着，是一个少年的背影，骑着一辆单车，驶向夕阳落下的方向。

唐小诗记得，拍下那一幅作品的时候，是自己学了半年摄影后，爸爸第一次给自己买了一部数码相机，她拿着它去找了作品中的那个少年，然后在无意中拍下的，就此保留了下来，心怀不安地参加了比赛。

最后，他让她得奖了，他却不在了。

唐小诗逃了自己班上的物理课，冒充着表演8班的学生，他们这一节是体育课。

陆斯图跑在唐小诗的左边，打着哈欠听着她絮絮叨叨地讲着那幅作品的由来，体育老师突然站在起跑线上喊道："跑步不要说话，违者罚跑十圈。"

"喂，跟我来。"唐小诗带着陆斯图再一次翘了体育课，两人并排坐在操场的后山上，唐小诗长久地开始沉默，陆斯图似乎看出了她在思考，很配合地保持着缄默，末了，唐小诗说，你真的不认识他吗？

"谁？"

"我摄影作品里的那个人。"

"你开玩笑吧，我们是两年前认识的吧，你的那个作品不是更早拍的吗？"

"是啊，虽然在时间和空间上都讲不通，但我觉得那个人，你一定认识。"唐小诗用脚不断地踩着地上松松的泥土，眼睛里异常肯定。

"理由呢？"

"是你。"

陆斯图先是惊愕然后呆掉，接着看到旁边唐小诗脸上的笑意慢慢浮现，一个爆栗过去，"喂，你别大白天的吓我行吧。"

"好了好了。我们回去吧。"唐小诗站起来拍了拍裤子上的泥土，对着湛蓝的天空咧开了一个大大的笑容，陆斯图走在前面，朝后面无奈地撇了撇嘴，"傻笑个什么劲，你喜欢他？"

"也许吧。"

4

其实，唐小诗是打心里面觉得作品中的那个少年就是陆斯图，只是他不肯承认，她找不到证据，她便不愿意勉强。

想用放大镜去寻找陆斯图身上破绽的实验还在继续，课下唐小诗屁颠屁颠地跑到陆斯图的座位上，某人正不知危机地酣睡，唐小诗用放大镜在他脸上一点一点地观摩，模样极其严肃，恨不得脸部每一个位置都研究到了。

渐渐地，表演8班班上围了一群看热闹的同学，陆斯图被大家大声讨论的声音吵醒了，揉着懒散的双眼刚打开一丝缝隙，顿时目瞪口呆："唐小诗，你在干吗呢？"

"没干吗，好奇你脸部组织罢了。"唐小诗收起放大镜，心中已经开始笃定了那个答案，陆斯图是个悲伤的孩子，那悲伤，深得不可见底，可是却完美地被隐藏了，只有被放在放大镜里一遍又一遍地观察，才会有端倪。

因为，陆斯图在睡觉的时候，不会去皱眉头，而是嘴角轻轻细微地在颤抖。

他到底难过什么，唐小诗就不得而知了。

"唐小诗，今天放学后我送你回家吧，我觉得你已经病入膏肓了。"陆斯图支开了班上的同学，把唐小诗叫到走廊上一本正经道。

"陆斯图，我发现了你的秘密，你就说我有病啊？"唐小诗不依，气得准备走掉，却突然蹲了下来，脸色铁青，头痛欲裂。

陆斯图很快把唐小诗送进了医务室，医务室的人给了简单的止痛药，唐小诗感觉自己睡了很久很久，做了一个很远很远的梦。醒来后就一直闷闷不乐，不说话，不看陆斯图，任由他把自己一路背回家，到了之后，男生对唐小诗的妈妈说："阿姨，唐同学今天晕倒了，她的好朋友米拉拜托我送她回来的。"

唐同学？唐小诗听到这个称呼时，眼睛意外地睁大了一点儿，她好像想起了一些事情，她和陆斯图，的确算是同学了两年，可他们是没有说过一句话的。

也就是说，其实，他们不熟，一点儿都不，要不是今天她晕倒，了解她心事的米拉帮忙，她大概是没机会和他说上一句话的。

难道之前和陆斯图所有在一起的画面全是她一个人臆想的？

自己是怎么了？唐小诗有点儿分不清是在做梦还是在现实里。

5

我是米拉，唐小诗的好朋友。两个月前，她告诉我，她喜欢上了表演8班的陆斯图。我当时就鼓励她，喜欢他的话就告诉他呗，她没说话，只是羞涩地低着头摆弄手指。

之后，唐小诗会断断续续地给我讲些关于陆斯图的事情，比如说，今天他穿了一套灰色的运动衣哦，以前没看过呢，新买的吧；今天他参加了市里的一个演唱比赛，结果要晚点才会出来呢；今天，他好像对着我笑了呢。

诸如此类的话唐小诗总是说个不停，脸上也总是洋溢着快乐的表情，所以我有点儿不忍心去揭开这个与暗恋有关的故事。

直到有一天放学的时候，唐小诗哭红了眼告诉我，陆斯图和他们班的某个女生单独去了奶茶店，他们是不是在一起了啊？

那一次，唐小诗没说他，直接称呼了"陆斯图"，我想她一定是伤心了。之后，唐小诗突然性情大变，变得开朗活泼了，我开始认为这是好事呢。可唐小诗后来告诉我，她和陆斯图其实很久以前就认识的，她应该是做了什么不好的事情，所以他现在生气了，不想理她了。

对于这种说法，我一直半信半疑的。

在一个大雨天，我没有带伞，就跟着唐小诗去了她家，然后吃了晚饭。从她妈妈口中得知，唐小诗患有轻微的臆想症，我才突然恍然大悟，难道后来发生的这一系列的事情都是唐小诗一个人自导自演的吗？

听医生讲，这种轻微的臆想症是可以纠正过来的。接着，我去找了陆斯图，希望他可以帮忙，没想到那个男生爽快地答应了下来。

陆斯图装成和唐小诗认识已久，亲昵地和她打招呼，陪她去食堂吃饭，就连彩排也常常喊唐小诗去看。

只是唐小诗越来越古怪，竟然迷上了拿放大镜去研究他的脸，陆斯图无奈地配合着，为了转移她的注意力，他曾经试图拿她的摄影作品引导她，结果她居然说，那张摄影作品里的少年背影是陆斯图。

我当然知道，那个少年是唐小诗曾经的青梅竹马，只是后来搬了家便杳无音信，与陆斯图毫无关系。

医生说，病情基本稳定了。现在，我在去医院的路上，唐小诗一定安静地躺在病床上。

6

窗外的光满满溢了进来，唐小诗艰难地睁开眼睛，头还是有点儿痛，妈妈坐在床边，一脸紧张地看着她。她努力地微笑，然后看到站在一旁的陆斯图，他笑得真好看，和梦里的一样，说着温暖的话，"唐小诗，从今以后，我们就是朋友啦。"

"嗯。"唐小诗点头，咧开嘴笑了，门口风风火火的闯进来一个人影，米拉大口地喘着粗气，嚷嚷道："还有我呢。唐小诗，你这个没良心的家伙，现在是有了新朋友，忘了旧朋友吗？"

　　"不敢不敢。"病房里传来大家一阵一阵的笑声，唐小诗心想，原来放大镜不能放大的东西是什么并不重要，重要的是放大镜也可以把快乐幸福加倍，无限地放大。

　　就像现在，唐小诗觉得整个世界有趣极了。

年少掌心的梦话

蕙苡薇

1

陶有姜十六岁的生日这天，干旱了两个月的小城突然下起了暴雨。

放学回家的路上，她坐在妈妈的自行车后座，整个上半身钻进妈妈身后的雨衣里，"马上就要期末考试了，你要更加努力一点儿。"妈妈的唠叨声在噼噼啪啪的雨声中，显得格外刺耳。

明明是自己的生日，她却连一句生日快乐都没得到。陶有姜捏紧了书包带，低低地嗯了一声。自行车突然一个急刹车，陶有姜险些一头栽下去，还好妈妈及时扶住了她。

"前面好像出车祸了，我们走另外一条路吧，正好去超市买点儿菜。"

听到一片很嘈杂的声音，陶有姜忍不住从雨衣里伸出脖子去看，肯定又发生追尾事故了吧？本来急急忙忙地在雨中跑着的人也都停下脚步去围观。但陶有姜没有看热闹的机会，妈妈把她按回雨衣里，已经骑着车转头走了。

大雨一直没有停，陶有姜蹲在超市门口等妈妈，眸子灰暗得像此时的天空。有时候真的很想变成天空中的云，没有压力，可以自由自在地飘游。

正在发呆的时候，一阵狂风将几米远的自行车刮倒了，陶有姜连忙站起来跑过去。这时刚好有要去超市的男生迎面跑过来，陶有姜蒙头撞过去，自己疼得龇牙咧嘴不说，还把男生抱在怀里的书包给撞飞了。

"你怎么回事？冒冒失失的！"退回到屋檐下时，男生拎着那个又脏又湿的书包，还在滴水的眉毛怒气冲冲地向上挑着。

陶有姜本来就心情低落，一听到男生指责的口气，原本准备道歉的话立刻吞了回去，她微微扬起下巴，不甘示弱地提高声音说道："我又不是故意撞你的，而且，你一个大男生，连书包都拿不住吗？"

天啊，怎么会有这么蛮不讲理的女生。季越气得快头顶冒烟了，他瞪了陶有姜有十几秒钟，最终摆出一副不想和她废话的表情，收拾好书包径自离开了。

男生那种不屑的眼神，让陶有姜大受刺激，但是偏偏她心里清楚，错的是自己，人家都没再跟自己计较了，难道她还主动追过去跟他吵架？

眼看着季越的背影消失在了转角，而外面的雨已经大到连路都看不清，陶有姜半是气恼半是无奈地想，这简直是她最糟糕的一个生日了。

算了，淋成落汤鸡也忍了，陶有姜一鼓作气又要往外面冲，突然踢到了一个什么东西。她捡起来一看，居然是自己学校发的奥数竞赛准考证，上面写着的名字，是季越。

她轻轻"啊"了一声，突然想起，刚刚她撞到的男生，的确有几分眼熟，很像那个每次开周会时，被校长点名表扬的季越。

2

陶有姜和季越不熟，事实上她和班上大部分同学都不熟，因为交际圈太窄，很多人和名字，她都画不上等号，所以在跟季越吵了一架之后，她才知道，原来他就是那个让她很羡慕的季越。

在去学校的路上，经过便利超市旁边那家快要装修好的小店，门口摆着一面偌大的镜子。陶有姜下意识地看了一眼，镜子里倒映出的她，瘦骨嶙峋，头发随意地绑成马尾，如果看得再仔细点儿，会发现她脸上还有几颗鼓鼓的，好像永远都不会消失的痘。

因为学习压力大，她的脾气也不好，这样的陶有姜，几乎没人会喜欢。除了……跟她一起长大的周林波。在这个似曾相识的甜品店门口，她忽然就想起了那个总是笑容灿烂的男生。

只有周林波知道，小时候的陶有姜，长得白白胖胖的，一笑起来，嘴边会有两个很深的酒窝，她喜欢吃甜食，也会说好听的话来讨好长辈。

十岁时，因为周林波偷吃了她最爱的水果蛋糕，陶有姜大哭了一场，赌气要跟他绝交。为了表示忏悔，周林波许诺要成为最优秀的甜品师，开一家专属陶有姜的甜品店。

每每想到这件事情，陶有姜就很难过，在他们各自成长的年年岁岁中，也不知道是哪一天，她跟周林波失去了联系，也弄丢了童年那个开朗活泼的自己。

这么多年过去，长大后的陶有姜，唯一没改变的，就是仍然爱吃甜食这个习惯。所以，当放学回家再经过小店，看到那块大大的"甜品小店"招牌被挂上时，她心里无限惊喜，情不自禁地伸长脖子往里面看了看。

橙色的天花板和墙饰，四面墙都是玻璃，崭新的红色绒布沙发还堆在屋子中间，像极了她曾经跟周林波描述过的甜品店的模样。

是周林波要给他一个惊喜吗？脑子里闪过这个念头时，陶有姜高兴得手舞足蹈。随即她又否决了自己，这个年纪的周林波，好像还在外地念职校，怎么有能力开一个甜品店呢？

尽管明知道不现实，那个念头仍然在心里悄悄生根发芽。陶有姜每天都悄悄地关注着甜品店，看着它一点一点地装饰完工，暗色的壁灯，色彩明丽的盆花，屋顶上的葡萄叶，每一个细节都完全符合她的憧憬。

在陶有姜的翘首以待中，甜品店终于开业了，那一天放学后，尽管下着大雨，她仍然是飞奔着跑回来。仿佛看到海市蜃楼拔地而起，直至站在店里面，陶有姜仍然觉得很不可思议，她甚至怀疑自己误闯到了梦境里，但……视线搜寻了一圈，陶有姜没找到周林波，反而，她看到了穿着制服的季越。

3

季越显然并不认得陶有姜了，他轻蹙眉头，用很有礼貌的声音说：“请把你的雨伞放到伞架上。”

陶有姜低头一看，才发现湿答答的雨伞已经在光可鉴人的地板上留了一片水渍，但她根本顾不上这个，只是冲动地质问：“你是谁？你为什么会在这里？你认识周林波吗？”

季越的眉头皱得更紧了，他好像认出了她就是那天害他弄脏书包的人，但碍于场合，不想跟她多计较，冷冷道："麻烦你把伞放到伞架上，不要给别的客人制造麻烦。"继而转身对另外一个服务生说了几句话，过了一会儿，那个服务生就拎着拖把过来拖地了，陶有姜心里更闷了。

有没有搞错，原来季越竟然是这个甜品店的老板，这么说，这里的布置都是他设计的？陶有姜的心里升起一股莫名的怒火，就好像自己私人的东西被偷了一样，她绝不相信这只是一个巧合！

可是季越显然不愿意搭理她，陶有姜点了一份杧果慕斯，也不吃，就坐在那里，季越走到东，陶有姜的目光就跟着他跑到东边，他走到西，她的目光又跟着转回西边。

直到下班的时候，客人都走光了，有个服务生用开玩笑的语气说："季越，人家女孩子特意为你而来，你好歹搭理一下人家。"

是啊是啊，她是特意为了来找他麻烦的，季越暗暗翻了个白眼，真是没见过这么莫名其妙的女生。

"交给你啦，我先下班。"那个跟季越年纪相仿的男生挤眉弄眼地说完，一溜烟就跑了。

店里只剩下他们两个人，季越大步走到陶有姜身边，紧绷着脸问："你到底想干什么？如果你以为用这样的方式就可以吸引我的注意，那我只能告诉你，偶像剧看太多了！"

陶有姜简直要气死了，嚷道："你想太多了吧？自恋狂！"

"那你倒是快点儿买单走人啊！"季越双手插在裤兜里，毫不客气地说。

买单就买单，陶有姜愤怒地从包包里翻找着钱包，一不小心，就把塞在最外面的准考证带了出来。

季越一看到那准考证，脸都要气黑了："我找了一个星期的东西，竟然被你偷走了！"

"我……"陶有姜哑口无言，她要是说，那只是自己无意中捡到的，后来因为惦记甜品店的事情，忘了还给他，谁都不相信吧？

4

后来陶有姜再去甜品店的时候，季越直接把她当空气。

陶有姜悻悻地点了一份招牌的杏仁饼，坐在角落里等着，这个甜品店背后，还有很多她没搞清楚的事情。她一定要追查到底！

杏仁圆饼端上来时，陶有姜不由自主地想起了那年生日周林波给她做的杏仁饼，苦杏仁，却被他做出了甘甜又不腻人的味道。

他说："总要给苦杏仁一个机会，让它也能带着幸福的味道。"

怀着回味的心情，陶有姜大口地吞下了一块杏仁饼，让她错愕的是，这就是很早之前，周林波试着给自己做过的饼干的味道，跟她记忆中的一模一样。

思念，困惑和焦躁一股脑儿涌上来，陶有姜忍不住哭了起来，她不明白，为什么周林波悄无声息地开了她梦想中的甜品店，又固执地躲着不肯见自己呢？

太多的事情得不到答案，这些年里她渐渐长成了连自己都不喜欢的模样，可是就因为这样，老天就要惩罚她失去最温暖的好朋友吗？

陶有姜哭得那么伤心，她一点儿都不怕丢脸，最好能哭到周林波心软，哭到他肯出来见自己，那才好呢。

但泪眼蒙眬里，她只望见季越怒视着自己，他咬牙切齿地说："喂！陶有姜，我们的甜品有难吃到让人痛哭的程度吗？"

陶有姜继续趴在桌子上抽泣，第一次没有对他反唇相讥。季越有些心软，可碍于面子又不愿意给予安慰，于是正要假装看不见，转身去招呼别的客人，衣角却被人扯住了，回过头，是陶有姜那双红彤彤的兔子眼睛，她带着恳求的目光看着他："我能知道这杏仁饼是谁做的吗？"

季越犹豫了下，没有拒绝她。

5

让陶有姜失望的是，做杏仁饼的甜品师虽然也是个很年轻的男生，但根本不是周林波。这件事情已经诡异得超出陶有姜的想象了，从甜品店的小厨房出来后，她垂头丧气地走了。

第二天，她又来点了一份杏仁饼，吃着吃着，眼泪说掉就掉。

第三天，如此。

第四天……

季越终于忍无可忍了，他决定郑重地和陶有姜谈一谈，所有人的客人都对甜品店赞不绝口，非常有必要收服这个异类，这完全是为了工作，他这样安慰着自己。

在季越问出"你到底是怎么回事？"时，陶有姜就像打开了话匣子，滔滔不绝地倾诉起来。

她从小时候在幼儿园认识周林波讲起，讲他们从小学一直到初中，关系有多么好，讲自己无可救药地迷恋甜品，完全是受了周林波好手艺的影响。

一直讲到初中毕业后，周林波去了职校，学习成为一名专业的甜品师，而自己顶着压力上了重点高中，变得越来越不讨人喜欢。

"如果周林波在我身边，我才不会变成现在这个样子，因为他会鼓励我，用甜品来逗我开心。"陶有姜用这样一句话来作为结尾。

季越听得目瞪口呆，他对这样一种寄生草一样，把自己的失败归结为别人离开的心态，表示非常的不理解。但他想了想，对着哭得一塌糊涂的陶有姜，还是什么都没说。

"季越，你是这里的老板，你真的不知道为什么甜品店会布置成这个样子？还有杏仁饼的味道会和周林波做的一模一样？"陶有姜仍然不死心地追问。

"我只是兼职来做店长而已，店面设计是老板定的，还有，做杏仁饼的配方，也是老板给我们的。"这就是季越知道的全部，看着她瞬间亮起来的眼神，他又补了一句话，"你别多想，我们老板是个上了年纪的大叔，绝对不是周林波。"

陶有姜眼中的光又熄灭了，她盯着空空的盘子出神，心里暗想，不管要花多少时间，她都会等周林波回来的。

6

陶有姜开始觉得有什么东西不一样了。自从她跟季越把心里的烦恼和苦闷一吐而尽后，总觉得心情要比以前好了，遇到事情想发脾气时，不知怎么，就想到季越那张板得死死的脸，然后就气消了。更神奇的是，她去甜品店点了任何点心，端上来的食物上面，总会用果酱写着"天天开心"几个字。

刚开始她以为这是他们独出心裁的揽客方法，后来一观察，才发现只有自己的甜品会有。跑去问季越，他总是臭着脸说："吃就是了，哪有那么多问题，我忙着呢。"

这样的事情发展到后来，连甜品都不太对劲了，总觉得味道有点儿怪，不像是以前那个师傅做的，还是甜品店的另一个服务员偷偷告诉陶有姜："这可是我们店长亲手给你做的哦。"

陶有姜觉得自己的脸颊火辣辣地热了起来。

"爱哭鬼！"

身后有人用力揪住了她的马尾，她回头瞪他，气势汹汹地反击："自恋狂！"

季越根本不屑和她斗嘴，只是丢下一句："我们老板明天回来甜品店，你要是还有什么疑问没解开，就去亲自问他吧。"

啊，太好了，也许能打听到周林波的消息呢，陶有姜开心得忘乎所以了，以至于她没有看到，转过身的季越脸上的不忍。

隔天又下了暴雨。浑身湿漉漉地赶到甜品店时，陶有姜诧异地发现，明明是周末，甜品店里面竟然没有一个客人。季越正在跟一个上了年纪的老人汇报营业情况，可以看到那个穿着讲究的老人不时满意地点头。

陶有姜越看那人的背影，越觉得熟悉，等她走近，立刻惊讶地叫出声来："是你！"

对一个老人家咋咋呼呼，是件很没礼貌的事情，陶有姜回过神后，脸红着道歉："对不起，没想到这个甜品店的老板是您。"

是啊，无论如何她都没想到，能把自己和周林波共同的梦想付诸实践的人，是周林波的外公，这个曾经极其疼爱周林波，也因此对陶有姜爱屋及乌的老人。

老人像是苍老了很多，他看着陶有姜，眼神复杂，许久许久，只是轻轻地叹了口气。

"外公，周林波呢？"陶有姜实在太心急了，她抓着老人的手，迫不及待地追问，但是老人只是疲惫地摇了摇头，不愿意说话。

一旁站着的季越把她拉开，用很低的声音告诉她："陶有姜，我也是昨天才知道，周林波去世了，就是一个多月前，在距离我们学校不远的路口，出车祸死了，好像……就是我们第一次见面的那天。后来，他家人在整理遗物的时候，看到了他的日记本，为了完成他的心愿，于是开了这间甜品店。"

他话音落下的瞬间，外面一个惊雷炸开，炸得陶有姜心惊肉跳，她隐隐约约想起了什么，她生日那一天，坐在妈妈自行车后座时，暴雨中传来一声急刹车……可她以为，那不过是两车追尾或者剐蹭的小事故，毕竟，在车辆繁多的如今，城市里每天都在发生这种事故啊。所以，为什么呢？为什么偏偏就是周林波被撞了呢？这怎么可能呢？

而且，那一天是她的生日。难道……他是因为来见她才被撞的？

"你想哭就哭吧。"季越拍拍陶有姜的肩膀，声音轻的像是生怕打碎了什么。

而陶有姜只是呆呆地站在原地，她觉得自己仿若被人拎起来丢到了一片茫茫大雾里，完全失去了方向。

长久以来的等待和期盼，一起粉碎了。

7

有很长很长一段时间，陶有姜不敢去甜品店。周林波用他的全部生命替她实现了一个梦，梦的尽头，他却不在了。

她不再走有甜品店的那条路，而是选择跟其他同学结伴，绕远路回家，这也让她拥有了为数不多的朋友。一切都好像要比从前更好了，如果不是季越突然出现在她面前，愤怒地指责她："你是不是不打算再见我了？"

"啊？"她呆了呆，不解地看着他。

"我前面在考奥数，后来又把甜品店的工作辞了。"

陶有姜无语地瞪着他，这个人到底在说什么呀。

年少掌心的梦话

"陶有姜，第一次见面你撞坏了我的书包，第二次见面，你跟我吵架，现在你又害我丢了兼职，你要怎么赔偿我？"

"喂，你刚刚不是说是你自己辞职的！"陶有姜用手叉着腰，火气开始上扬。

"那也是因为你！"

"关我什么事！快下雨了，还不快走！"吵吵闹闹的声音渐渐远去了。

夏天怎么老下雨啊，真是的，不过，过了这场雨，就是夏至了，太阳一定会一天比一天炽热，会把那些阴霾都驱散的吧。

大雨会落，天会黑，不过还好，有人的存在，就像光。

格子流年，春暖花开

写给秋阳的那些信

左 海

信件1

秋阳，展信悦，这是写给你的第一封信。

今天是我成长在十六岁里的第一个夜晚，我坐在桌前，打开节能台灯，用我最喜欢的这支笔给你写下这封信。真奇怪，我们明明相隔那么遥远，我却似乎能隐隐约约地听到你的声音，你是不是在说："林雪丽，祝你生日快乐，天天开心。"好的，你的祝福我收下了，也请你一定要幸福快乐地长大。

1

梦里，我回到了十六岁生日的那一天，那是时隔三年，我再次遇见陈海明的日子。他就那样突兀地按响了我家的门铃，突兀地抱着一只大笨熊站在门口，突兀地朝我眯起眼睛微笑，然后突兀地说："林雪丽，好久不见，生日快乐。"

我怔怔地看着他，两字一顿地问道："那个，请问，你是？"

"呃……"陈海明的笑容变得比较尴尬，他把大笨熊放到脚边，整理了一下皱巴巴的衣服，介绍道，"我是陈海明啊，林雪丽，你真的不记得我了吗？"

我仔细端详着面前这个男孩子，鼻子眼睛确实有点儿像三年前的陈海明，可他那时候是个小胖墩，还足足比我矮半个脑袋，哪像面前这个人，瘦瘦高高的，还有点儿帅。不不不，现在可不是犯花痴的时候。我甩甩脑袋，不可置信地问道："你真的是陈海明？"都说女大十八变，没想到男生也能千变万化，跟孙猴子似的。

我实在不确定眼前这人是否真是陈海明，所以坚持贯彻"坚决不放陌生人进门"的原则把他拦在门外。我爸从客厅路过，看到我和一个男生僵持在家门口，好奇地走过来看个究竟。

"陈海明你来啦，快进来快进来。"我爸热情地招呼男生进门。

我错愕极了，"爸，你怎么一眼就看出他是陈海明？"

美好梦想的火花

我爸狡黠地一笑，激起我一身鸡皮疙瘩，他说："这你就不知道了吧，上个礼拜爸爸出差，晚上就是和陈海明他爸一起吃饭的。他爸说陈海明这个礼拜会转来你读的这所学校，家已经搬过来了，我就邀请陈海明来参加你的生日聚会咯。"

"怎么不早告诉我，你不知道刚才我俩多尴尬。"我埋怨道。

我爸嘿嘿傻笑："闺女，你还不了解你爸吗，昨天吃了什么今天立马就忘，更何况是上个礼拜的事情。"

陈海明总算是成功地把大笨熊交到了我的手里，又笑眯眯地重复了一遍："林雪丽，好久不见，生日快乐。"

"陈海明，怎么说咱俩也算是青梅竹马，也就初中这三年没见，你连我的喜好都给忘了。"我撇撇嘴说，"这大笨熊又大又丑还不便宜，倒不如直接送我人民币。"

陈海明笑得拍起大腿来，"林雪丽，再怎么说也三年没见了，你倒是一点儿也不跟我客气，一上来就指责我没眼光，礼物选得烂。"

……

铃铃铃，我睁开惺忪睡眼，按下床头的闹钟，坐起来抓抓乱蓬蓬的头发。

"林雪丽你快点儿好不好，今天又想迟到啊！"我走到窗边伸出脑袋，陈海明正坐在单车上一脸怨气地看着我。

夏天的清晨很明亮，柔柔的光线照在陈海明干净又精神的脸上，让他一瞬间变成了青春偶像剧里的男主角。

时间是我成长在十六岁里的第七十三天。

信件2

秋阳，总有太多话想对你讲，以至于都忘了给你说说陈海明。

陈海明，你还记得他吗，做了你小学六年同桌的人。对对对，就是那个比我俩矮半个脑袋的小胖墩。

小学毕业以后，陈海明被他爸送去邻城一所民办中学，他在那里并不受欢迎，班里同学都笑他胖，说他只会吃垃圾食品，做任何事都慢慢吞吞，拖班级后腿。他不想被瞧不起，不想遭排挤，所以下定决心改变自己，这第一步就是减肥。

现在的陈海明已经是个身材匀称、高个头的男孩子，三年后第一次见他，我甚至没认出他来，闹了不少笑话。

2

"谢谢你。"把情书塞到我手里的女孩子羞答答地跑开，留下我一个人仰天长叹，白眼快翻到天灵盖。

　　这已经是拜托我转交给陈海明的第几封情书了，我早已数不清。这些女孩子欺人太甚，自己没勇气当面递情书，就把这破事拜托给我，就因为我是陈海明众所周知的好朋友？姑娘们，你们也至少给我点儿好处吧，请我吃顿饭总不过分吧，一句谢谢就完事？真是人善被人欺。

　　我面无表情地把情书扔到陈海明桌上，他抬眼看我一脸不痛快，嬉皮笑脸地说："美好的一天才刚刚开始，你干什么一脸欠你钱的表情。"

　　我坐到他对面，两只手握紧，全身因为愤怒发起抖来："我真是受不了了，你是大明星吗？我是你的经纪人吗？凭什么要我管你这些破事。"

　　陈海明装出一副被吓到的样子可怜巴巴地说："林雪丽，一大早吃炸药了吧你，递个情书而已，至于吗你？"

　　"怎么不至于，"我正襟危坐，"换位思考一下，要是你隔三岔五被男生拜托向我递情书，你会不抓狂？"

　　陈海明终于没憋住，笑得花枝乱颤起来："林雪丽，我没听错吧，会有男生给你写情书？"

　　我对天起誓，要是杀人不犯法，陈海明一定活不过今天。才重逢两个多月，他就把挖苦嘲笑我当成了家常便饭，这要是时间久了那还得了。心好累，我不想再理他，回到座位上复习课堂笔记。

　　一整天的冷战我占尽上风，陈海明对于惹我生气心知肚明，想方设法来和我讲话。

"林雪丽，肚子好饿，一起去小卖部吧。"

"林雪丽，把刚才英语课的笔记借我下。"

"林雪丽，我错了，你就大人不记小人过原谅我好不好？"

我高昂着头，铁了心不理他，表情和姿态通通透着一股高贵冷艳的气息。

放学回家路上，陈海明边追我边叫我名字，我假装没听见继续朝前走。

"林雪丽，差不多行了，高贵冷艳的性格压根就不适合你。"陈海明追上来，气喘吁吁地说。

我斜着眼睛瞅他："你怎么就知道不适合我？"

陈海明松下一口气："谢天谢地，你总算跟我讲话了。"

"还不是看你可怜。"我就是太善良。

"今天早上写情书给我的卢佳佳，我记得她好像是舞蹈队的吧，挺可爱的女孩子，你说我要不要和她交往试试看？"

"你是在征求我的意见吗？"我看陈海明盯着我不说话，浑身不自在，"我，我怎么知道你们合不合适，这事儿你不会自己掂量啊？"

枝繁叶茂的香樟树被我和陈海明一棵一棵甩到身后，我只感觉自己整张脸都在发烫，额头也满是汗，一定是天气太热了。

信件3

秋阳，真奇怪，最近只要看到喜欢陈海明的女生，我的两只眼睛就像着了火似的。我一定是病了，这病恐怕还不太好治。

这么多年过去，陈海明温暾的性格一点儿没变，不喜欢也不知道拒绝，真不晓得他是不忍心伤害那些女孩子的自尊心，还是心里很享受这种被喜欢被簇拥的感觉。

前些日子，他对一个叫卢佳佳的女生很感兴趣。卢佳佳我知道，有人说她是校花，学习成绩好不说，还会唱歌跳舞琴棋书画。陈海明竟然来问我要不要和她交往看看，太可笑了，喜不喜欢是他自己的事情，和我有半毛钱关系。

秋阳，我这个样子是不是不对？我该装作更淡然更无谓一点儿。可是怎么办，我好想装不出来，我会不会是喜欢上陈海明了。

3

卢佳佳是个特别优秀的女孩子，理所当然也有一批追求者，但她一个也瞧不上，可当她一眼看到陈海明，心里就认定了他。

我承认我的确特别欣赏这种女孩子，虽然她有那么一点儿害羞，连递情书这种事情都要来麻烦我，但是她是很自信的，她觉得她配得上陈海明。所以，在递了第一封情书杳无音讯之后，又再接再厉地写了第二封情书，有点儿不好意思地站到了我的面前。而这一次，我并没有伸手去接她递过来的那封信。

　　我说："卢佳佳，喜欢一个人就勇敢点儿，你连这点儿勇气都没有，凭什么去喜欢一个人。"说完我就有点儿后悔了，因为我觉得我的语气有点儿咄咄逼人。

　　庆幸的是卢佳佳没有跟我翻脸，仍旧笑着说："我保证这是最后一次，如果还是得不到他的回应，我以后绝对不会再来打扰你。"

　　"我真不知道你喜欢陈海明什么，你和他接触过吗交流过吗，就因为他长得好看了点儿你就喜欢上他了？"我顿了顿说，"那是你没见过他小学时候的样子，整个一小胖墩，眼睛鼻子挤在一块，要多丑有多丑。"这话说完我自己都吓到了，恨不得立马扇自己两嘴巴，卢佳佳更是震惊得接不上话。

　　"那个，情书我帮你递，你就当我刚才什么都没说过，再见。"我一把抢过卢佳佳手里的信，以百米冲刺的速度逃离现场。

　　整个上午我都没在听课，一直在心里祈祷卢佳佳不要把我刚才的话告诉别人，可是事情永远不尽如人意。卢佳佳原来是个大嘴巴，亏我还夸她是个优秀的女生。

午饭过后，陈海明怒气冲冲地跑到我面前，用力踢了下桌脚说："林雪丽，是你到处说我小时候又胖又丑没人喜欢，不仅如此还品德不好的吧？知道这事的也就只有你了，所以你也不必狡辩，亏我还当你是我最好的朋友。"

没想到卢佳佳还能添油加醋到这份上，真是太贴心了，生怕这火烧得不够旺。"陈海明，我对天发誓我绝对没有说过你品德不好。"

"哦，那你就是承认说过我小时候又胖又丑还没人喜欢了。"

这事没法解释，毕竟我确实说过这样的话。是不是我传出去的也已经不重要了，因为事情已经变成这样。我很轻很弱地说："对不起，希望你能原谅我。"

陈海明可能是太生气了，整张脸都是红的，不停地喘着气，也没再说什么。我想他应该不会原谅我了，所以只好垂头丧气地走出教室。全班人都看着我俩，这种气氛我实在受不了。

就在我一只脚已经踏出教室前门的时候，陈海明突然提高了分贝说："你以为你小时候能好到哪里去，要不是我主动要求做你同桌，你以为还有谁愿意跟你一起玩，别自我感觉太良好了，林秋阳。"

林秋阳。听到这个名字的时候，我只感觉眼前一黑，我甚至错觉地以为地面已经在一点一点地塌陷了。我用最后一点力量支撑着身体，慢慢地继续移动，我告诉我自己：林雪丽坚持住，快点儿离开这个地方，只要离开就好了，别怕，不要害怕，没人能够打垮你。

我知道身后有无数双眼睛正带着惊讶和好奇看着我，我不能回头，虽然我很想知道陈海明用了一种什么样的眼神。

信件4

秋阳，林秋阳。关于你的秘密终于还是被揭开了，很抱歉，没能好好地守护你。你会怪我吗，你会像陈海明一样怪我吗？

其实我能理解陈海明，因为我现在和他当时的心情是一样的，只不过他用愤怒的方式表达了出来，而我则选择了逃避。

林秋阳，你还记得你小时候是个多讨人厌的女孩子吗？

打从你记事起，你的生命里就缺少一个妈妈的角色，爸爸没有瞒你，他很诚实地告诉你，你妈妈走了。你爸爸说，阳阳，你妈妈长得很漂亮，你长大了一定比你妈妈更漂亮。可是，事实好像并非如此，爸爸工作太忙了，根本没有时间照顾你，为了方便打理，你剪了男孩子一样的短发，再加上林秋阳这个听上去就不太像女孩子的名字，学校里的同学都不喜欢你，说你没有一丁点儿女孩子的样子，太奇怪了。过了几天，你没有妈妈这件事又传遍了校园，大家都说你肯定是因为妈妈走了才变成这个样子的，你也就真的自暴自弃起来，整天都把自己弄得脏兮兮的，还跟班里的男孩子打架。

学校里唯一愿意跟你做朋友的只有你的同桌，他叫陈海明，是个胖乎乎的小男生。他个头还没你高，上课偷偷躲在下面吃垃圾食品，下课就和你聊聊天，整天吸着鼻涕傻傻地笑。你不喜欢他，但是也不讨厌他。你知道，他之所以愿意跟你做朋友，是因为同样没人愿意跟他做朋友。算了吧，在乎这么多干吗，就勉强和他交朋友吧，毕竟你还是想要有人陪你说说话的。

就这样，同桌到了第六个年头，终于要毕业了。你回头看着来时的路，发现整个童年都只有一个陈海明，这真是一件让人头疼的事情。可你也是开心的，因为陈海明是个特别善良幽默的男孩子。他总是让着你，哪怕明明是你有错在先。他会讲很多有趣的笑话，你总是笑得肚子痛。六年时间，足够你把他当成一个真心的朋友，虽然他实在是有点儿胖。

小学毕业后的那个暑假，有一天，陈海明找到你说："林秋阳，初中我不能和你一起念了，因为我爸爸工作的关系，我要去邻城念书，对不起啊。"

你一点儿也不伤心，你说："没关系，我们可以互相写信，放了假你也可以回来找我玩。"

"林秋阳，要你爸爸给你改个名字吧，当然，这只是我个人的意见，你要是真的喜欢自己的名字，可以不改的。"陈海明说这话的时候，语气是小心翼翼的。

没想到你很爽快地点头同意了。"好啊，我一定要我爸给我取一个漂亮的女孩子的名字。"

"真好。"

"不过你也要答应我，别再胖下去了，初中要开始减肥。"

"好啊，我正好也受不了这一身的肥肉了。"

初一开学那天，你坐在教室里给陈海明写信，开头第一句话就是：陈海明，我改名字了，我现在叫林雪丽，记住了，林雪丽，是不是很好听？秋阳，你是小时候的我，我是现在的你。

4

距离"小胖墩和林秋阳"事件已经过去了一个礼拜，我终于决定登门谢罪，而且还特意找了个陈海明他爸也正好在家的日子。有他老爸在，他肯定不好意思再向我发火。

　　果不其然，我坐在大沙发里，陈海明坐在小沙发里，他虽然面无表情，但至少看不出愤怒的迹象。陈海明他爸大概猜到我和他儿子闹了点儿矛盾，竟然说临时有事要出门，这借口也太烂了。我想这下糟了，陈海明他爸这一走，陈海明还不得冲到厨房去找菜刀呀。

　　陈海明他爸走了五分钟后，整个客厅的空气都还是凝固的，我心里正纠结着是拔腿就跑还是干脆眼一闭跪下来认个错，陈海明却在这时开口说话了。

　　"要喝饮料吗，可乐还是橙汁？"

　　我小声嘀咕："这是要给我下毒啊。"

　　"你说什么？"

　　"没什么，可乐！"

　　喝了可乐直打嗝，我觉得自己真是太丢人了。

　　陈海明跷着腿双手交叉抱着，像个小大人似的盯着我说："可乐好喝吗？"

　　"嗯嗯嗯，好喝好喝。"我点头如捣蒜。

　　"你就没什么要跟我解释的吗？"

　　他既然愿意给我解释的机会，我也就认真起来，"那天早上卢佳佳来找过我，我确实一时嘴快说了你小时候又胖又丑的事，但是没人喜欢和品德不好我绝对没说过。"

　　"也就是说又胖又丑的确是你说的。"

　　"这是事实嘛。"我又小声嘀咕道。

　　"你说什么？"

"没，没什么。"

陈海明吐了口气说："林雪丽，首先我也给你道个歉，那天的事我也有不对的地方，我不该对你那么凶，更不该以牙还牙。但是，我之所以这么生气，是因为我不希望我喜欢的女孩子是个到处说人坏话的大嘴巴。"

"嗯……嗯？！"我刚刚听到了什么，我是不是听错了。

陈海明也被自己的话震惊到了，装作什么也没发生过一样，拿起茶几上的可乐喝了一口说："这个可乐，好喝，真好喝。"

"这是……在跟我告白吗？"我的声音明显又变小了，可偏偏这一次陈海明却听到了。

"谁跟你告白了，少臭美了。"

我理直气壮起来，"就是你刚刚说的啊！"

"我说什么了我，你一定是听错了。"

"还不承认。"我哼笑了一下。

"可乐喝完了就快走人。"

"我爸不在家，你得请我吃饭。"

"想得美，快走快走。"

"哪有赶客人的道理，我不管，你今天必须得请我吃饭。"

"哎，林雪丽，你可是来登门谢罪的，现在竟然还恬不知耻地要我请你吃饭？！"

"对啊，怎么了，我脸皮一向很厚，你又不是不知道。"

"真拿你没办法。"陈海明终究还是笑了，眼睛弯弯的，特别好看。

信件26

秋阳，这可能是我最后一次这样叫你了。

这可能也是我写给你的最后一封信了。

我想告诉你两件事情。

第一件事情：我很想你，也很谢谢你，没有你不会有今天的我，你知道的，我一直都很爱你。

第二件事情：终于放暑假了，我和陈海明决定去看海，你猜得没错，我们在一起了。

格子流年，春暖花开

简梓泽

或许，年少的我们曾安静地喜欢过一个男生或者女生。

或许，年少的我们曾在对方的梦里看过一场春暖花开。

或许，年少的我们曾写过一句或者一段关于青春记忆的文字。关于一朵名叫喜欢的花的一场风花雪月，但却不属于爱情。

Chapter 1 苏格子

遇见苏格子的时候是在夏末——学校的校道上弥漫着香樟气味的夏末，阳光明媚得让人睁不开眼。

她是一个插班生，那时候已经上了接近一个月的课。

她进班的时候，几乎全班人的眼睛都盯着她看，包括我，大概这是上了十几年学的条件反射。

她有着一副柔弱的小女生样儿，娇小得跟朵花儿似的。可是，后来我总是后悔自己这样想。她要是朵花儿啊，也一定是朵霸王花，还是霸王花界的伟大奇葩！

其实她来了一个星期我也不知道她的名字，只知道她姓苏。这只能怪班里关于她的八卦太少了。

真正认识她，绝对是意外。

那还是上体育课，因为我的脚扭到了，不能训练，只能在教室里装文艺。

我戴着耳机，看着郭敬明的小说。阳光很暖和，我没有去刻意接触外界。所以连她什么时候站在我面前的也不知道。

我取下耳机，里面放着孙燕姿的《遇见》，我问她是不是有事儿。

她歪着头问："你是简小泽吗？班长说她的资料在你这儿，我要用。"

我把资料递给她，一边打量着她姣好的形象，一边在心里吐槽：多么礼貌的一姑娘啊！

她正转身准备离开时，我口无遮拦地问："你叫苏东坡哈？"

问完，我那个"内牛满面"了，嘴贱啊，口误啊，这下好了，形象没了！

她立马转回身来手往桌上一拍，死命横着眉，"你才叫苏东坡，你们全家都叫苏东坡！"

我瀑布汗，苏东坡有这么坏吗，亲？谁知道这姑娘能这么激动啊。

我记得我回答得特别经典，比金典牛奶还经典："苏东坡多好，那是为人民服务的文艺小青年。"

Chapter 2 请叫我格子淑女

今年的秋天特别反常，明明树叶都快落完了，却还是有时候热得柏油路面都要蒸发的感觉，就像夏天。

我总是会抱怨，因为容易出汗，每次写卷子，上面都会打湿一大块，像水泼在上面后没有风干好。胳膊抬起来的时候，也总会有一阵撕裂般的疼，觉得桌面会一口气撕下整块皮肤。

苏格子特鄙视地横了我一眼，"怎么跟个女的似的，你水做的啊？"

我早习惯了她的各种损人，顺口说："那是，我还江南水乡的呢。"

自从她坐在我前面，我的吐槽本领不断提高，用小说里的话说，乃毒舌奇才，只需多加修炼。

因为我成绩不错，老师心花怒放地把我调到了第二排，随了一群成绩好的去取经。然后他老人家又觉得不妥，硬是拉了个成绩不咋地的来追随我们。让那谁情何以堪啊？而那谁刚好是苏格子！

然后就造成了今天的局面。

我们俩都是"人来疯"，大伯二婶的四处寻亲，用本子做成的"纸条"递来递去压根没停过，班上的人打招呼都简洁了，直接"嘿，俩疯子"，完事儿。

时间像涂了润滑油似的，溜得特别快。然后我发现，原来成绩极端的坐一起还是有效果的，把格子和我期中考试卷子上的总数变得好看了不少，惹得她一把鼻涕一把泪地对那些成绩好的同志感激得梨花带雨。

但我还是会调侃她，"别以为您老会变成文艺小青年或者知识分子，顶多是个有脑子的东北娘儿们。"

我记得她那会儿笑得特别妖孽，一脸花枝招展地把我给掐得天昏地暗。然后还一脸羞怯地掐了个兰花指，"这话说的，我可是淑女，还是一知识渊博的淑女，哪像你，粗人！"

我心里吐槽，淑女都带这样儿的啊？！

Chapter 3 比二货还二货的二货

当我从一张一张永远做不完的卷子里反应过来的时候，冬天已经过去了一半。虽然我无法让时间停滞，也许我并不需要，只要过得开心就好。

跟格子在一起的日子，我承认我折腾得很快乐，然后我莫名其妙地被扣上了一个二货的罪名。

格子说要创作惊世骇俗的作品，我记得那时候我笑得上气不接下气。她却煞有其事地拿笔写起来。

我算着日子想，应该写得能见人了吧。我问她要，她只简略地回答："革命尚未成功，同志仍需努力。"

意思就是不给，死也不给！

后来我好奇心爆表，趁她不在，偷偷拿了过来。果然好奇害死猫啊，噢不，害死火星人啊！（我才不是地球生物呢）

翻开第一页，只见潦潦草草的几个大字——比二货还二货的二货。然后后面写着本外星人的名字。

我萧瑟了，她刚进教室看见我拿着她的本子，直奔过来一把抢了回去。那速度，刘翔都黯然了。

我怒了："你什么意思啊，亲？我二吗？我二吗？"

她一脸不需要考虑的表情，点了点头。然后摆开双手，"谁叫你自个儿要看的？弄得我都不好意思了。"

我冷哼："你还会不好意思？你说你写这个想干啥？"

她又一脸妖孽："为了记下您老的光荣事迹啊，你看我都动用了千年难得一用的笔墨来宣传你了，你看我多无私奉献，多舍己为人，多大无畏精神啊！"然后抱着书，又一脸无限憧憬，"以后我出名了，您老也出名了，那你何时也表现表现中国的传统美德啊！"

我不依不饶，破口大吼，"跑题跑你妹啊，说，我怎么二了？"

我就怎么不记得我啥时二过！

她掰着手指头数，"我还真不知道谁元旦晚会上跳了段兔子舞。"

"……"

"是谁有事儿没事儿叫唤着学校对面的阿花聊天来着？"

我忍不住了，"这叫关心留守动物好吧？"

"哦？那是谁卖萌犯傻装二还死不承认来着？"

她说得我脸一阵青一阵白的，我恼羞成怒，"二货怎么啦？二货比你可爱！"

好吧，我竟然被她绕进去了，耻辱啊！

Chapter 4 最后我们都哭着笑了

不知道从什么时候开始，她不断地跟我说着那些言情片的剧情，一脸花痴，一脸憧憬，强大地把少女心发挥到了极致，这是一般人能够做到的吗？敢更花痴一点儿吗？

有时候我恨不得直接拔了她的电源，可惜找不到总开关。

我本来以为她会一直处于这种状态，可我已经忘了是什么时候开始，她安静了下来。或许是在离中考不远的现在，或许更早。我说不清，也许我意识到得太晚了。

我和她坐在操场后的主席台上，并不怎么高的地方。她不停地摇晃着双腿，阳光依旧温暖美好，轻轻打在她头发上，显出好看的栗色。

她和我说了很多无关紧要的话，最后她说："为了你的高中做最后努力吧！"

我说好。阳光依旧打在她的头发上。

她永远也不会知道，在她跳下主席台的时候，我看到她哭了。而我却笑了，悲伤却早已经在心里泪流成河，因为我只想把笑脸留给她。

我想我是喜欢她的，不然，我也不会早起为她买包子以及陪她一起傻叉地犯二。

喜欢，也许安静得像夏天的阳光。

静静地喜欢，是的，静静的。

黑板上掉落的粉笔灰、差了几分钟的方钟发出的单调声音以及随后响起的冷冷的上下课铃陪伴我们走过了一个又一个四季，似有似无地沉淀了流年。

不久的以后，或许我们将各奔东西，就算偶然相遇，也只是发送着客气的问候，变成那些温暖而陌生的路人甲。

我突然懂了那些悲伤的歌词。

美好梦想的火花

Chapter 5 流年花开如夏

我觉得现实总是这样偶然到令人发笑。中考后的我们真的就这样各奔东西，我填了她想去的学校，她填了我想去的地方。

而那些遗憾，始终会在某个时间里烟消云散，变成过往。

我曾出现在你的流年里，那里有香樟的味道和夏天清澈的阳光。

而时光总是这样不深不浅，安静到毫无生息地带走记忆的某些片段，安静到自己也无法发现。

但我永远记得那个夏天，那个蒸发眼泪的夏天。

你说，你喜欢夏天的阳光，温暖明媚而刺眼，那样没有忧伤。

你说，你喜欢向日葵，那么安静地追逐着好看的笑脸。

你说，你喜欢简小泽，二货又笨蛋。

而后来，却也不再有后来。

你与我的唯一

萧 稔

The First

暗恋这件事好比是洗照片。见不得光的，一个人在暗室里，用镊子小心翼翼地夹着照片，看照片上心爱的人渐渐显形。当然也是有能力让它见光的——前提是，要把它冲洗得足够漂亮。江雨程就是这么想的。

所以，尽管当李嘉是最好的朋友，江雨程始终没勇气和她提起这件事。

她会怎么想？

说不定她会把这件事到处去说呢。虽然嘴上发誓，"绝对不会的，我绝对不会和别人说。"背地里却早已经和其他的女生说："我和你说了哦，不许告诉别人的。你发誓。"江雨程可不想这么早让别人知道。

但是，最重要的原因应该是——李嘉会不会也喜欢那个人呢？

江雨程之所以这么想，是因为她和李嘉总是有相同的爱好。江雨程喜欢小众的Jason Mraz，很多同学或许连听都没有听过这一号的人，李嘉居然也喜欢。江雨程和李嘉一起去买衣服，两个人总能在琳琅满目的衣服里不谋而合地看中同一款。江雨程和李嘉都有喝不加糖的清咖啡的习惯，两个人常常在阳光四溢的下午到图书室里看书，喝咖啡。

江雨程很喜欢和李嘉在一起的时光——咖啡的芳香，李嘉无意看过来的眼神，窗外洁白的玉兰花和湛蓝的天空——是很好的闺密呢。

但是，假设她喜欢的人也被李嘉喜欢着呢？

什么都可以分享。喜欢的歌星，喜欢的CD，喜欢的电影……

但是这个，恐怕不行吧？只有这个，一定不行。

Chapter One

自从确定了自己喜欢林逸以后，江雨程就总有一种想要把这件事告诉李嘉的冲动。毕竟是闺密呢，如果不说的话会不会太不坦诚了？此刻，她悄悄打量站在一旁做广播操的李嘉。她伸展着双臂，很认真地做着每一个动作。她黑栗色的长发盘在后脑勺上，露出雪白的脖颈，她的睫毛微微向上翘起，和秀丽的眉毛正好呼应起来，整张脸洁白如玉，就像一个陶器娃娃。

其实也说不上很漂亮，但是却有一种让人着迷的气质。江雨程知道她后面一排的男生都在看李嘉，他们常常趁班主任不注意交头接耳，窃窃私语，时不时发出一阵笑声。

有一次江雨程听到林逸说："还好啦，身材是不错啦。"这么多人的声音中，她立刻就捕捉到他的声音，特别的，略带一些慵懒的。他又打趣旁边的人，"你喜欢？"

你喜欢吗？其实李嘉是有很多缺点的，也并不像外表那么干净美好。比如吃完东西不喜欢洗手，家里的书桌很邋遢，在家里就一副衣衫不整的样子，说话还喜欢爆粗口……这些你们都知道吗？她有点儿嫉妒李嘉了。

到压腿动作了，很多人都是稍微曲个腿应付下就算了，只有李嘉在懒散的学生中显得特别认真，一丝不苟地做着标准的动作。

"看什么呢？"李嘉突然转过脸来，"老师要到你后面啦。"

江雨程连忙伸出手去压腿，做出一套标准的姿势来。到往后压腿的时候，江雨程的视线一眼锁定了林逸的身影。他敷衍地弓着腿，偷懒地站在那里等这个运动做完，偶尔边曲着腿边和旁边的男同学说话，习惯性地捋着前面的头发。

音乐结束，江雨程恋恋不舍地转过身来，脑海里还在想刚才男生的动作。

"走吧，笨蛋，发什么呆啊？"李嘉拉过江雨程的手，"你最近好容易就发呆哦。"

"哪有！"

"哈哈，是不是有什么事瞒着我啊？"

听到这句话江雨程的心跳都漏了半拍："我能有什么事瞒着你啊？"江雨程连忙朝着左边的楼梯走去。

"哎，为什么走这里？"

李嘉指着右边的楼梯："这个比较近……"

女生只好点点头："哦……"

江雨程瞥了一眼正往左边楼梯走的男生，拉着前面李嘉的手，和着熙熙攘攘的人群往教室走去。走楼梯的时候，李嘉走在前面，拉着江雨程的手开道。她的手很温热，银色的镯子在手腕上叮当作响。

"有一件事……"江雨程盯着李嘉白皙的手臂，下定决心，"放学后……"

"哎，等会儿回去，把昨晚的数学作业借我一下哦。"走在前面的李嘉突然回过头来，笑靥如花地看着她说，"放学后？"

"哦。"江雨程讷讷地点点头。她看着前面李嘉的眼睛。醒目动人的眉目，黑白分明，不带红尘，"放学后请你吃冷饮？"

前面小小的欢呼，"好啊。"又握紧了她的手，"你跟紧点儿。人这么多。"

江雨程自然又把想说出口的话给咽下去了。

到班门口江雨程一眼就看到林逸正在和周围的男生叫嚣着什么，笑得没心没肺的样子。"记得把作业扔过来。"李嘉坐在比较前排的位置，江雨程一坐到位置上就看到她转过来对着她做手势。江雨程连忙把数学作业扔过去。只见作业本以一个明显的弧度阴差阳错地砸到了李嘉的前桌——林逸捂着头，捡起作业本莫名其妙地回头张望，然后霍地站起来，朝江雨程走来。

江雨程只觉得男生高大的身影一点一点地向自己逼近，世界恍若静止了般，只听到自己的心跳声，重重地像鼓在捶。她红着脸看着在她面前站定的林逸。

林逸居高临下地看着她的同桌杜明肖，给了他肩头上一拳。谁都看得出来只是死党之间无关痛痒的一拳，江雨程却吓得缩了一下肩，好像他很用力地打在自己身上似的。

"死胖子！不就刚才说了你一下！干吗打我头啊！"林逸似笑非笑地说。

"怎么可能是我啊！"杜明肖白白挨了一拳，委屈地

格子流年，春暖花开

瞪着旁边的江雨程。

　　"不是你是谁啊！你上次也是这么扔到我了！我说你是故意的吧！"

　　江雨程咽了一下口水正想开口，李嘉不知道什么时候从后面窜出来，劈手夺过林逸手上的作业本，凶巴巴地瞪着林逸，"给我的啦！"江雨程细细地看着李嘉的眼睛，暗暗地松了一口气。

　　林逸没有说话，把双手插到口袋里就回座位了，李嘉回头朝江雨程做了个鬼脸也回位子上去了。

　　上课的时候，江雨程看着前面的林逸的背影，林逸喜欢用左手写字，喜欢转笔，喜欢把手插在口袋里……而这些，李嘉都注意到了吗？

　　江雨程的目光从前面移到他后桌的李嘉。

　　虽然看不到脸，但一定在很认真地看着他吧，而且比自己更近地接近他。江雨程摇了摇头，到底在想什么呢。李嘉，怎么可能会喜欢林逸呢。

Chapter Two

　　就像是玩抽积木的游戏，只有自己知道从下面抽哪一块才不会倒。应该是自己一个人的事。全神贯注的，一个人的事。

　　这种事，偷偷做才有意义。

"你看怎么样？"江雨程盯着面前的饭盒，有一搭没一搭地听坐在对面的李嘉说话。

"在想什么啊。"注意到对方没有在听刚才说的话，"怎么最近看你都是心不在焉的样子。"

"啊……"江雨程用筷子拨拉着饭盒里的饭，"真的吗？"

李嘉凑上来，笑嘻嘻地问，"诶，说真的吧？该不会有喜欢的人吧？"

江雨程只觉得脑袋嗡地一响，像解袋子的时候居然发现袋子打的是死结。她垂死挣扎，"怎么可能！"虽然把音调提高了半拍，但一听就知道底气不足。

对面的女生一下子来了兴趣，连忙推开了眼前的饭盒，"说一下怎么了，我又不会到处和别人说。"李嘉眨着明亮的眼睛，撅着嘴，"喂，你这么不信任我啊！"

江雨程也不是没预想过像今天这样的状况。虽然之前想了无数的说辞、表情，可是真要实施起来，却怎么也不能在熟识的好友面前摆出自然的表情。"哎，不是啦。"

我还在怀疑什么吗。江雨程暗暗骂自己，说啊，"其实……"

"好啦……我也告诉你一件事。"

江雨程正犹豫着到底要不要说出来，见李嘉换了一只手撑着下巴，低下头看着桌面，"我最近在暗恋一个人诶。"

"暗恋？"江雨程叫起来，她脱口一出，"是谁？"

是不是林逸。她其实是想问。

女生抬起头，倒也没觉察到江雨程脸上紧张的神情，只是连忙把手指压在她的嘴上，"你小声点儿！"

江雨程挤出一丝笑来，"好吧。我也正在暗恋一个人。"

她突然觉得自己有些卑鄙。是最好的朋友呢，总是一起听同样的CD，一起相约周末去看同样的电影，一起看同一本书，怎么能不告诉她呢。

犹如一根线艰难地穿过了针眼，"呼"的一声顺着线身滑了下去。

"这下总可以说了吧？你先说说你的。"李嘉眨眨眼睛，"校队的？我们班的吗？"

"不是不是。"虽然也经常看到他打篮球。江雨程连忙摆摆手，"不是校队的。"

第二个问题，她没有回答。江雨程低下头，面前的饭被她用筷子分成了两半，"很普通啦。就是个子高了点。"

"你那位叫什么名字？"李嘉一只手撑着下巴。

"什么我那位啊！"江雨程哑然失笑，她顿了一会，下定决心地说，"林……"

前面撑着下巴的李嘉突然放下手来，坐直身子紧张地看着她的后面，江雨程莫名其妙地转过头，看到刚刚坐到她后面一桌的男生，他捋了捋不久前剪的刘海，熟悉的动作。

消瘦的锁骨从衬衫里露出来，熟悉的，前面三个扣子从来不会扣上的。

正对着自己。

他扯着嘴角朝女生这边的方向喊道："今天你小子请客啊！"

果然是很喜欢的，连说话的语调也是。

女生吓了一跳，连忙回过头，与此同时她身旁走过的杜明肖端着饭盘，"你连打饭都要我打啊！"杜明肖看到江雨程瞪着大眼睛看着自己，"嗨，江雨程。"

江雨程点点头算是和同桌打了个招呼，刚回过头来就看到李嘉不知道什么时候已经端起勺子小口小口地喝起汤来，她抿着嘴，"我一直觉得他长得很正欸。"

江雨程木讷地点点头。

"暗恋的人？"

"是啊。"李嘉优雅地收拾餐具，虽然在和她说话，江雨程也知道她的眼睛时不时地就往她的后面瞟。

"刚才说到哪了？"

像突然想起了什么，李嘉又把注意力挪了回来。

"欸？"

"暗恋的人啊？"前面的女生用指节轻轻地敲着桌面。

江雨程愣愣地看着眼前饭盒里的饭早已经被她拨拉得惨不忍睹。

林逸啊。她当然想说了。

一双手按住那个隐秘的大门。

不可以见光的。

"林雨。"她的眼睛移到食堂门口,看到外面下起了一阵大雨。哗啦啦地,以迅疾的速度重重地捶击在地上。

"林雨?"女生念着名字,"和林逸只差一个字欸!"她若有所思地点点头,捅捅江雨程的手臂,"我们学校的?"

江雨程盖上饭盒,"一中的。"

"一中的。"李嘉继续说,"好学生啊。"她又补充了一句,"哪个雨?"

江雨程不说话了。

"喂,问你呢。哪个雨啊?"

"宝盖头的宇。"江雨程想了想,"无所谓啦。"

对面的女生摆出一副怎么会无所谓的样子,推了她一下,"不许走哦,我们在这里聊会儿天。"

江雨程当然知道她的用意了,她点点头。

当然是知道的了。

既然是同一个人。

可以喜欢同一首歌,同一部电影,同一本书。

可是,为什么要是同一个人呢。

Chapter Three

　　江雨程也不是没想过，万一和李嘉喜欢同一个人怎么办。可每次她都以"欸，你发什么神经"就给否决了。从来没有认真地想过。或者是，从来不敢认真地想过这个问题。

　　一天早上江雨程起床对着镜子挤自己额头上的痘痘，想起李嘉的大眼睛，布丁一样粉红的嘴唇，从来不长痘痘的白净的脸。不管从哪一点看，都比不过她。

　　门外妈妈已经把门敲得震天响，"小雨！还不快去上学！"

　　江雨程懊恼地把镜子扣下来，不耐烦地应了一声。

　　自从那天以后，江雨程每次看到李嘉都有一种怪怪的感觉。甚至有的时候就无缘无故地对她闹起脾气来。现在一想到等会儿就要见到李嘉，不知道为什么江雨程如鲠在喉地难受。

　　好像一切都变得有所预兆。林逸常常在下课的时候转过头来对着后面的李嘉讲话。他手舞足蹈的样子常常逗得李嘉笑得伏在桌子上。

　　"我和你说哦，今天林逸和我讲一件事，超搞笑的……"放学的时候，她们之间的话题也不知不觉多次提到林逸。林逸，已经成为她们话题的重心。

"怎么又是他……"今天江雨程终于忍不住了，她说完这句话后自己都有点儿被酸酸的口气给吓到。她连忙解释道，"看来他挺爱说话的嘛。"

"是啊是啊。"李嘉倒没觉察到什么，只是耸耸肩笑了，"很开朗啊。"

"嗯。"江雨程淡淡地点点头。心里对她的厌恶不觉又增添了一分。说来说去，其实还是不甘心的。

"他的鼻子好挺哦。"

江雨程禁不住在她赞不绝口的话语后面加上一句，"还好啦。他不过就是个子高了点儿。"她也忘记了什么时候说过自己喜欢的就是高个子的男生，"而且会不会太白了点儿。"讲着言不由衷的话，江雨程意识到自己在挑刺，连忙打哈哈过去。"不过这种长得好看的男生确实蛮少见的了。"

确实是蛮少见的，所以你也喜欢他？

被庸俗的外表吸引吗？可是我喜欢的，可不止这一点呢。你绝对不知道，绝对不。江雨程觉得自己的喜欢和李嘉的喜欢是不一样的，有本质的区别。或者说，她的喜欢是真正的喜欢。

"对了，上次叫你帮我买的辅导书买了吗？"李嘉的酒窝若隐若现。

"啊？好像我那边的书摊卖完了呢。"

"哦，那我多跑几个地方看看。"两个人推着自行车走过一棵棵玉兰树。洁白的玉兰花瓣落在江雨程的肩膀，李嘉伸过手来轻轻拍掉她肩膀上的花瓣。

江雨程不自然地骑上自行车，"我有事，先走啦。"

"好。"

那句轻声的"好"，宛若她肩膀上的花瓣，随风落在她的身后，被她的车轮碾过。

也曾经是洁白的，干净的吧？

江雨程回到家，坐在书桌前。她对着桌上李嘉送的雕像小人发呆。许久，她叹了一口气，打开书包，里面安安静静地躺着的两本辅导书。

Chapter Four

如果当时是我先说，江雨程不止一次地这么想。如果当时我先说出口会怎么样？那个反复在日记里出现的名字，只可以在心里小声地叫出来的名字，突然在别人口里，轻而易举地念出来。

散会以后，李嘉提议朝左边的楼梯走。她拉着江雨程的手，急急地超过前面几个人。江雨程一眼就看到不远处的男生。微微往右倾斜，习惯右手插着口袋。

"明白啦。"江雨程会意地朝她一笑，"你快跟丢他咯。"

"你小声点儿。"李嘉笑着伸过手轻轻地推了她一把，"对啦，那本辅导书我买到啦！"

"嗯？"

李嘉的目光追随着前面男生的身影，心不在焉地说："上次叫你买的啊，我跑了几个地方总算找到啦。这个版本的书很难找呢。"

江雨程看着她的侧脸，淡淡地应了一句："哦。"

上完体育课，两个人把训练完的羽毛球拍扔到器械房里。再过三天就是江雨程的生日。李嘉问她："生日那天去哪吃呢？我有一份大礼要送你。"

江雨程露出夸张的神情。"多大啊？是不是包包啊？"

"比包包更让你满意。"

突然传来男生的叫声。江雨程和李嘉停下脚步，看到林逸跌坐在地上，队友们一拥而上。江雨程反应较快，立即挣脱开李嘉的手，跑到人群中去。

"怎么了？"

林逸坐在地上，捂着脚，豆大的汗珠顺着他的额头往下落。

"扭伤了？"李嘉问了一句。

"快送去医院呀，你们愣着做什么呀！"江雨程急了，冲着几个男生大吼。"快点儿啊！"

几个人一愣，似乎从来没有看过江雨程这样凶巴巴的样子，全都目瞪口呆地看着她。待一个男生反应过来手忙脚乱地帮忙扶起林逸的时候，几个人才回过神儿来。江雨程看着林逸抿着嘴，脸色苍白，忍不住又催促了几句，"你们倒是快点儿啊！"江雨程嗓子里带着呼之欲出的哭腔。

李嘉站在原地，没有跟随江雨程他们送林逸去医院，只是看着他们渐行渐远的背影。

医院离学校并不远，得知林逸并无大碍，江雨程就一个人走了。慌乱了半晌，此时她走在回去的路上才想起李嘉，连忙打了个电话给好友："到家了吗？"

"嗯。"

突然觉得有点儿尴尬，她假装轻松地说："什么时候走掉的啊，我还以为你会跟去医院的咧。"

"没有啦。我妈最近比较严呢……"

没讲几句，江雨程就把电话挂掉了。她抬起头看着湛蓝的天空，离她们没完没了地煲电话粥的日子已经过去很久了吧？那时候的她们好像有说不完的话题，电话的手柄总是被江雨程的手握得滚烫，在妈妈的再三催促下两个人才恋恋不舍地把电话挂下。

而那个时候的话题里，应该没有提及林逸吧。

一片玉兰花瓣猝不及防地落在江雨程的脸上，她低下头，手指轻轻揉捻花瓣。

美
好
梦
想
的
火
花

Chapter Five

生日那天，江雨程和李嘉在必胜客吃比萨。秋日已近，天寒欲雨，两人都穿着粉红色的长袖。

"欸……情侣装哦！"一见面，李嘉扯了扯她的外套，"比我的好看欸。"

江雨程笑着说："哪天带你一起去那家店买啊！保准有你喜欢的。"

几秒钟之内，空气因子开始高速运转。

"他……"江雨程抓住李嘉的手，"是他欸！"

男生走到江雨程面前，一字一字地说："江雨程，我喜欢你。生日快乐。"

"生日礼物哦，喜欢吗？"李嘉朝江雨程眨眨眼睛，又郑重其事地对林逸说，"好好对待她哦！我把她交给你啦！先走啦！"

李嘉走到门口，朝他们两个人摆摆手。江雨程看着和她身上相似的粉红色衣服消失在门口，视线渐渐模糊。

那天晚上在电话里，另一头女生欢快的声音。

"很惊喜吧？"顿了顿，"他好早以前就拜托我的。我们俩可是想了好久才想出了这个好主意。"

"你不是暗恋他吗？"江雨程绞着电话线。

"怎么可能。还不是看你都不关注他，不然我哪会天天在你面前说他的好处啊。"

江雨程把电话听筒紧紧贴在自己的左耳上，"我可是有男朋友的了。"

"谁？林宇？"电流传来不自然的笑声，"江雨程，你个胆小鬼，我难道还看不出来吗？"

江雨程轻轻地应了一声，"是啊。"

难道还看不出来吗？江雨程端详着自己手心的掌纹。

你看他时的表情，说到他时的口吻，他走过来时你的动作，你的神态，你微微颤抖的语调。

这些我都看不出来吗。

我们喜欢的，不正是同一个人吗。

"李嘉……"

"嗯？"

"谢谢你。"

你与我的喜欢，合二为一的喜欢。

The Last

那是同样喜欢的感情，那是我们青春时代的秘密。

最长的夏天

巫小诗

1

因为发型邋遢而被老妈嫌弃的严宇桐，不情不愿地踱进了理发店。

"严宇桐！你怎么也在这儿啊？"

严宇桐抬起头，看着眼前戴着蒸发帽的牙套妹，原来是高中同学元薇。"哦，我家就住附近，我妈埋汰我头发像乞丐，出来'剃个度'咯。你呢？"

"嗯，我家也在附近，我妈怕路上耽误我学习时间，高中一直在学校旁边租房住，暑假才住回来。"

严宇桐打量了一下她，这才毕业半个月，男生都还是那些个男生，女生怎么个个变了样？虽然围着理发布，依然能清晰地看到她接地气田园风的裙子下粗壮的小腿和搭配得并不适宜的亮色小皮鞋。她今天没有戴眼镜，能立马认出严宇桐的话，想必是戴了隐形。总之，她一身都透露出一种要逆袭的强烈欲望。

严宇桐这才想起了自己来这儿的目的只是理发，他环视一周并无空位，只得在元薇的旁边坐下。两人在镜子中对视无言，气氛略微尴尬。

谢天谢地，热情的理发小哥过来招呼客人了，缓解了窘境。

2

"不烫染，不理护，不办卡，给我理个圆寸，谢谢。"

严宇桐的惯用理发开场白，让理发小哥哑口无言，只得尴尬地笑了笑，拿起剪刀开始忙活。

"哎！你怎么不帮我洗头发就开始剪了！"

"哦，我以为你什么都不用。"理发小哥的言辞略有不爽。

元薇扑哧一声笑了出来，然后又哎哟哎哟地喊着牙疼。

"牙疼你就少说话嘛，待会儿牙套定不住型，效果不好。"严宇桐说完便跟着理发小哥去洗头发了，他的潜台词其实是，我对你没啥兴趣，并不想跟你多说话。

理发完毕，挥手告别元薇便出门回家，只觉得路旁的卤肉饭香飘满街，实在迈不动步子。也罢，老妈的手艺不敢恭维，严宇桐决定直接在外面吃。

吃得正香时老妈电话打来，他这才忘了没有电话请示外面就餐，便撒谎道，理发店碰到好朋友，好朋友约着共进晚餐。

八卦老妈开始在电话里笑问道："男同学女同学啊？女同学的话就带回家吃吧，家里饭菜都做好了呢。"

"女同学啊，别介，老妈，吃了你的饭菜，人家女同学该毁容了，好了好了，忙着呢。"父母真是一种奇怪的所在，从小学到高中，压抑了孩子的情窦初开那么久，高考结束，又突然要开始给他们释放天性。

"又碰到啦，好巧啊。"

严宇桐转过身才发现，元薇之前毛糙的大背头，已变成服帖的齐刘海黑长直，比以前顺眼多了。元薇抿住嘴不露出牙套的话，也凑合能看，再瘦个十几斤，也勉强能跻身美女行列。

"呃，是啊，吃完了，正要回家呢。"严宇桐边擦嘴边尴尬地回答。

"也是这个方向吗？一起走吧。"元薇指着右手方，微笑等待回应。

严宇桐笨拙地点了点头。

最后两人在同一个小区门口停下，哎呀，居然是邻居。

顺路把元薇送到门口，严宇桐说了再见，正打算走时，元薇叫住了他："喂，家住这么近，有空常来玩儿啊。"

"哦哦，好。"

严宇桐回忆着与元薇的交集。

记得有一次，英语老师在课堂上说，英语不太好的同学啊，要虚心向英语好的同学请教。严宇桐心想也是，那就问呗，翻开资料书，第一题就不会做，然后就去问课代表元薇。人家元薇那个细心啊，一道题从出题要求，解题方法，到题外扩展，听得严宇桐心思跑神跑到外婆家。以后可万万不敢再向学霸请教问题了，太恐怖，简直是耳膜的灾难。

严宇桐低头边走边想着想着，不一会儿就走到了家里。

"嘿，儿子，听你老妈讲，你小子找对象啦，还共进晚餐呢，不赖啊，刚毕业就谈上恋爱了。"胖乎乎的老爸，坐在沙发上期盼地望着正在门口换鞋的宇桐。

"哪有，你听我老妈乱扯。就一普通同学，人家成绩好着呢，跟我不是一路人。"

老妈从厨房传来声音："让你不好好学习了吧，终于知道成绩差的自卑了吧，碰到好姑娘都没底气。她估分怎么样？打算报哪里的大学？啥专业……"吧啦吧啦一大堆，老妈的话语开始出现疑问句就会立马被严宇桐的听力系统自动屏蔽。

他到客厅坐下，跟最懂自己的老爸开始了交流。"这姑娘高中时长得好一般的，现在开始捯饬自己了，变得好看一些，就是戴着牙套，嘴巴鼓鼓的，声音也怪。今天才发现她有点儿自来熟，我喜欢文静些的，总之，她不是我的菜。"

老爸听完立马支招，"嘿，傻小子，这你就不懂了。跟你话多是人家对你有好感，女生开始有变美倾向的时候，尤其是这种戴牙套的妹子，赶紧趁着戴牙套的时候追上，不然摘下牙套，就被人抢走了。"

"可是隔着牙套亲嘴会很怪欸。"

"不怪，我亲过。"老爸胸有成竹。

"我没戴过牙套，你亲过谁啊！不得了了还！"突然从背后冒出的老妈吓爷俩一跳。

老爸一脸黑线，"这不是为了鼓励孩子嘛，你当真了还。"

哈哈，全家笑成一堆。

4

口口声声说着不喜欢吧，脑子里又被元薇的事牵动着，玩游戏都进不了状态。也罢，严宇桐拿出同学录翻一翻。大合照里，最前面一排，老师脚边蹲着的那几个，都是班上的尖子生，尖子生就像小奴才般依偎在老师身旁，这几乎是所有毕业照的默认传统，不例外的，元薇是其中一个。

而自己，因为个子高成绩又不好，被安排在最后一排的右上角落，画框再小一点儿，俨然塑封的胶纸就要贴到自己脸上了。

翻到个人的页面，元薇笑得傻乎乎的，勉强能算可爱，座右铭写的是："心有猛虎，细嗅蔷薇。"真够装的嘿，学人家文艺青年写些这样有的没的自己都不全懂的名人句子。不过，话说回来，这样表面听话、内心闹腾的女生，也挺符合这样一句话。

严宇桐完全想不起自己当初写了哪句，大致是顺手抄了一句，翻过去看，"忠于理想，面对现实。"啊，不忍直视，简直比她的还装，到现在都不知道自己的理想是啥。迅速把毕业册合起来，无法再面对哭笑不得的高中生活。

静下来想想，元薇这姑娘也还可以吧，自来熟是开朗

格子流年，春暖花开

大方，女学霸是人家冰雪聪明。期待恋爱的小人和执着完美的小人开始在严宇桐的脑海打架，最终完美小人倒在血泊之中。

　　是的，为了不辜负老爸的厚望，也为了在上大学前弥补自己恋爱史的空白，严宇桐是该考虑考虑周边的可能因素了。

5

　　再翻开毕业册，找到元薇的联系方式。可是，高中的时候学校不让使用手机，大部分人是没有自己手机号码的，也就是说，毕业册上元薇的电话，大致是她父母的。学霸们也真是生活得空气稀薄，社交网络都没有留下一个，他们的人生何处炫耀和吐槽呢？

　　严宇桐笨拙地发出一条短信："您好，我是元薇的高中同学，找她有事，想要一下她现在的手机号码。"再封建的家长，也不会拒绝同班同学的正常要求吧？

　　"我就是元薇啊，你哪位？"短信迅速发了过来，简直像对方抱着手机等着。

　　呃，这该不会是家长试探我呢吧，我妈就爱玩这出，套同学的话。宇桐心中各种提防，所谓间谍老妈无犬子，必须验明正身再聊天。

　　"元薇，那天你烫头发遇见的同学叫啥名儿？"

"哈哈，严宇桐是你啊。怎么，找我有事？"

喔，果然是本人。找她有事？宇桐问自己，总不能直接说想跟她发展着试试吧。纠结了半天，回了一条："没事，就想试试这号码是不是你本人在用。"

那头没有再回复短信，严宇桐暗想自己发这么几条短信也够神经病的，哪个女生愿意搭理神经病。

"听说你网络游戏玩得超级棒，教我玩吧，我特想学。"突如其来的短信让严宇桐受到惊吓，天呐，人生头一回被好学生请教，还是自己最擅长的网游问题，真是找到了存在的价值。

"好啊！"严宇桐很愉快地答应了。

从这一天开始，原本毫无交流的差生和优生，因为网络游戏而成为师徒关系。严宇桐虽然每天带着笨头笨脑的新手，依旧觉得生活很有意思。因为，这让他感觉到，毕业后，成绩便不再是区分人和人的标志，而自己可以依靠自己的游戏长处收获尊重。

经常，严宇桐还在睡着，元薇一个电话打来："快起床！早起的玩家有怪打！一起打怪升级吧！"俨然一个调皮的男孩子。迷迷糊糊的严宇桐有时候有起床气，就关掉手机接着睡，可是，人家元薇居然往家里打电话！太不可思议，有了一两次，严宇桐再也不敢睡懒觉了。

元薇的游戏水平也渐渐赶上，两人俨然成了游戏世界的黄金搭档。

严宇桐深刻感觉到，好学生和坏学生，在游戏场上消除了矛盾，平等站在了一起。

6

可是严宇桐错了，这一天高考出成绩了。

游戏里领先几十万分又怎样，现实生活里，师父比徒弟少了近两百分。两百分，即便元薇缺考最后一门的英语依然会比他高。于是，他们两个，一个注定可以上全国排名靠前的一本，一个只能去一般的专科，这就是人生残酷的地方。

严宇桐决定要跟元薇渐渐疏远，因为原来那个在牙套妹面前的游戏高手，现在只是在高才生面前的三流人士，这让他很自卑。他等不了潜力股的牙套妹变成大美女，而要自己夹着尾巴远离了。

而正在此时，元薇来电话了："你打算报考哪所大学？"

"我去哪里，不用你管，你管好自己就可以了。"严宇桐话里全是刺。

"怎么啦？别这样，跟我一起去北京吧，北京学校有很多，各种层次的都有。"

"我为什么要去北京？"严宇桐的身上的刺越发地扎人。

"好吧……我还以为……你有点儿喜欢我……原来是我想多了。"元薇支支吾吾。

"是啊，喜欢！"严宇桐大声说出了自己内心的想法，他顿了顿，又接着说，"可是，喜欢又怎样，我配不上你的。男生一定要比女生强，不是吗？这是一个约定俗成的概念，可我很差劲的现实摆在这儿。"严宇桐自暴自弃。

"谁说你差劲啦！你游戏玩得那么好！"元薇说。

"游戏玩得好又有什么用，我妈天天教育我，游戏不能当饭吃，即便当饭吃，你也得玩到世界一流的水平，我远远不够。你太优秀了，我配不上你，以后你的优秀会成为我心口的大石，压得我内心的小自卑透不过气。"严宇桐说。

"其实，你知道吗，在你面前，我也是很自卑的。之前我的生活每天只有学习，而你时尚又运动，怕你觉得我是老土又无趣的人。"

她内心居然是这样的想法，严宇桐突然觉得元薇无比单纯善良，很想好好珍惜她。可是，又羞于自己的现状，不知珍惜二字从自己嘴里说出来用的会否太自信。

他却也鬼使神差地鼓起勇气："我觉得你是个很不错的姑娘，我很喜欢……"

"你之前为什么不喜欢我，只是因为暑假我变好看了，然后就喜欢我吗？"元薇俏皮地话锋一转。

"因为有了接触才喜欢的，变漂亮是增光添彩的事情，并不是主因。你看你还戴着牙套呢，我依然喜欢啊。"严宇桐顿了顿，趁热打铁，"做我女朋友好不好？"

元薇俏皮一笑："你答应一起来北京上学，我就答应你。"

"好！"严宇桐激动不已。

7

这样就算在一起了对不对？严宇桐的脸开始发烧发烫，突然就恋爱了，这一切奇怪得跟做梦似的。

他突然好想见到元薇，于是，他带着这个幸福的小秘密蹑手蹑脚地出门了，然后迅速跑下楼。

元薇的电话响起："姑娘，出来，我在你楼下呢。"

元薇速度很快地下来了，穿着后背拖魔法帽的夸张睡衣，样子十分俏皮可爱。两人傻笑着看看，也不知说啥好，一看就是两个没谈过恋爱的新手，经验值为零，哈哈。

也不知看了多久，两人看得快要尴尬了。为了缓解这种尴尬，宇桐突然鼓起勇气，二话不说地上前一步，猛地亲了元薇一大口，然后又羞于不知道说什么，感觉跟犯罪分子一样逃离现场，留下元薇惊讶成一尊雕塑。

多么浪漫又喜剧化的一刻，可惜，事情并不完美。他的嘴唇重重地磕在了元薇的牙套上！当场就出血了。这就是他的初吻——嘴唇和牙套的亲密接触，有点儿滑稽呢。

回去的路上，严宇桐走在人行道上轻飘飘的，嘴唇的一点点血已经干了，并不疼，倒是脸烫得厉害，简直像发了四十多度的高烧，烧得脸到心全都慌张了。看到的寥寥几个小区路人，他都羞于直视，他感觉所有的路人都在笑他，这种笑，不是微笑，简直是取笑。可是，越是取笑，他越是欢喜，这是他第一天的爱情，第一次的吻。

8

回到家，老妈看着嘴唇流血却满脸幸福的严宇桐，惊讶地问怎么了。

"没什么，撞牙套撞的。"说完便进屋了。

老妈愣了一会儿便追过去敲门，门被反锁了，"要不要涂点儿药？"

"不用，这样很好！"

她一向不溺爱儿子，见不领情，倒也自己回屋了，因为儿子的胡言乱语不是一次两次，男孩子破点皮也不是事儿。

过了一会儿，严宇桐走出房间，走到客厅在老爸旁边坐下，神情恍惚。老爸说："意料之中的成绩，别太沮丧，不是每个人都要走读书这条路的。"老爸说完还抚摸了一下严宇桐的头发，那并没有多少头发的圆寸。

呼，老爸根本就不知道发生了什么，宇桐突然来了一句："爸，我告白了。"

"哈哈，不错，迈出第一步就是好的，像我儿子。有照片没？给我看看，到底是怎样的姑娘能让我儿子恍惚成这样。"

"没有照片，不是很漂亮啦，只是有些气质罢了。"严宇桐羞涩地谦虚了一番。

"女生一有了气质就无人能及了。"老爸的爱情箴言永远温暖人心。

"我喜欢，就无人能及。"严宇桐坚定道。

"对！"

9

报考志愿的那天，元薇填报了北京某所名牌大学，而严宇桐选择了离这所大学最近的某普通专科，他的分数本可以选择比这个好些的，可是这个最近，他便没有犹豫。

接下来的时间，便是轻松地等待录取的时光，以及协助女朋友变美计划和督促男朋友拒宅计划的实行。

陪元薇逛街，拉着她晨跑，让她少吃零食，教她打篮球，元薇瘦了，严宇桐阳光了。暑假尚且幸福如此，大学不知会多么让人羡慕。

有一天，严宇桐说："你差不多了，咱们不跑了吧？"

"为什么啊？"元薇不解。

"不能让你太瘦，我不能天天守着你，别人挖墙脚怎么办？别人有北京户口有房有车，我争不过怎么办？"严宇桐说。

"哈哈，你想太多！别人有再多，你有我啊！"

"真棒！"严宇桐被感动得不行。次日依然早早叫起元薇来跑步，给她买好健康营养又不油腻的早餐，还从家里自带了湿纸巾和水，体贴细腻得像个超级奶爸，元薇不能不更爱他。

录取结果下来了，宇桐录被那所北京的专科录取了，而元薇则被南方某名牌大学录取！

"怎么回事？！"严宇桐第一时间打电话去问元薇。

"我以为第一志愿没有问题的，第二志愿才填了一个全国排名相当的，没想到第一志愿没有录上……"元薇万分沮丧。

"你口口声声说一起去北京，为什么不跟我一样！我四个志愿全填北京的学校？！"

"你分低，乱填无所谓，而我，家人和老师都看着呢，我一定要念名牌大学，为我的未来权衡！我需要填报同分数段的最好的学校，哪怕它不在北京！"

"可是，你有为我们的爱情权衡吗？"

"异地恋一样可以的，不是吗？"

"元薇，你好自私，我现在才发觉。"严宇桐伤心极了。

"你不是爱我吗？爱我就应该理解我，为我着想啊，前途是一辈子的事情，异地也不过就三四年。"元薇争辩道。

"是的，我爱你，但你只爱你自己，并不爱我。"

严宇桐离开了，径直往家的方向走去，元薇没有叫住他，也没有追上来。

10

从报志愿到出录取结果，只有短短半个月的时间，这便是严宇桐和元薇爱情的长度。

元薇没有再联系严宇桐，连道歉和解释都没有。

高考完的暑假，对于严宇桐而言，是他一生中最长的夏天。像是永远也过不完，每天都好热，不想出门，在家专心打怪升级。

事实证明，游戏对男生还是有治愈作用的，在游戏中，金钱和美女都可以凭借自己的努力获得，苦心经营就会更好，除非被盗号，否则绝对不会再有失去。这样莫名其妙的一套治愈体系，也让严宇桐撑到了开学。

终于，9月来临了。

严宇桐北上，元薇南下。

11

所有大学寝室，关灯后的卧谈会都必然会涉及初恋话题。

"喂，严宇桐，你谈过恋爱没？"

"谈过啊，不过就谈了半个月。"

"这么短命，才半个月，能算谈恋爱吗？"

"当然算，那半个月好长，整个夏天我就只记得那半个月。"

余生，请多多关照

琉 筱

写给你：

对不起啊，"你"之前实在是不知道该用什么样的修饰，因为我不知道这个"你"会是谁，可是我依然想写这封信，把一点一点的小情绪剖析给你听，连同司空见惯的澎湃和波澜不惊。

最近脑子里总是浮现一个片段，我把语言都组织好了，就在脑子里。我把它记录在手账里，但又感觉写得一塌糊涂，我切实地感觉我好希望可以一直铭记，像记住今天是星期一明天一定是星期二一样理所当然。

我一直记得读幼稚园的时候，有天中午躺在床上睡不着侧身望着园外整整齐齐固定在窗边的一排彩旗，忽然有种奇怪的感觉。明天，明天又是这样，后天也是，未来是什么？我看不到。那是一种长驱直入的绝望，它很准时地在我第无数次看着彩旗的时候降临，我的眼角溢出泪水，哪怕当年我超不过六岁。

而后，我毕业，进入小学。

在某个夏天的周末午后，当再度失眠的我注视着挡不住阳光也扬不起来的挂帘，那种感觉又猝不及防地袭来。我强迫自己闭上眼睛不要去想它，可我骗不了内心无限的恐惧。我害怕那种无穷无尽的绝望，但更绝望的是我发现我竟病态地享受着。尔后我拼了命地挣扎，像是被关在一个名为"孤独"的牢笼里的猎物，发狂地渴望着自由与空气。

你看，我真的是一个不折不扣的矛盾体，可那又有什么办法，我就是如此纠结。还好，那天之后一直到现在、这一刻，那种感觉再也没有出现过，因为再没有那样无聊的时光供我打发，尽管我依然深刻记得那揪心的无力。

几天前我发了一条动态，没过多久好友F私戳我："你又怎么啦？初三狗可不能这样总是想太多。"我噼里啪啦打出一串字符表达我真的没事不用担心之后，我问F那条状态看起来真的像是我不开心吗，他回："嗯。"我说可我真的没有不开心啊我很平静地在写，之后他问我有没有看过《落花生》这篇文章。

"有，小学读的。"我回答。

"我记得那时老师问了一个问题，从文章哪里可以看出作者对父亲的怀念之情。我看了通篇文章，一句也没找到。老师提问了全班成绩最差的那位同学，我本来打算看戏的，但是他说了句'作者写了这篇文章'，全班掌声雷动。"他顿了一下，继续说，"有时候事情不在于你做了什么，而在于你做了。"

果然，这么有内涵的话除了喜欢一本正经胡说八道的他能说得出来之外也没别人了，但又再次毫厘不差地说破我小心翼翼隐藏起来的泛起的涟漪。是，要强的是我，懦弱的是我，没有脾气的是我，暴躁易怒的是我，明明介意得要死还死撑着的统统是我。F说我是属鸭子的，嘴硬。我满口嫌弃他，说我才不要跟你同类，但其实内心点头承认点得头都快要掉下来了。

我依然喜欢一声不吭地把事情做好了再说，所以我会的东西又多又杂；我依然喜欢做梦，嗯，还包括白日梦。醒了再把那些支离破碎的片段串起来，抑或杜撰成一个个不真实的故事，所以我现在十五岁，却写了将近九年的文字；我依然不喜欢解释很多，在需要解释的时候保持沉默，所以我经常把朋友弄丢，但是还好，该留的人还在。时过境迁，我没有把自己弄丢。而至于你是谁，我在写给谁，这都不重要了。浮生未歇，我们本来就渺小得如同飞尘，在这偌大的宇宙间，浮浮沉沉，那么余生还请多多关照。

感谢你看到了这里，今晚夜色很好，能见到星星——我也希望你一样好。

晚安。

你的陌生人Zerry